山西实施
乡村振兴战略
400问

SHANXI SHISHI
XIANGCUN ZHENXING ZHANLUE
400 WEN

魏旺拴 主编

山西出版传媒集团 山西科学技术出版社

图书在版编目（CIP）数据

山西实施乡村振兴战略 400 问 / 魏旺拴主编 . — 太原： 山西科学技术出版社，2021.6
ISBN 978-7-5377-6048-5

Ⅰ . ①山… Ⅱ . ①魏… Ⅲ . ①农村—社会主义建设—山西—问题解答 Ⅳ . ① F327.25-44

中国版本图书馆 CIP 数据核字（2021）第 000161 号

山西实施乡村振兴战略 400 问

出 版 人　阎文凯
主　　编　魏旺拴
策 划 人　赵建伟
责任编辑　王保彦
封面设计　岳晓甜

出版发行　山西出版传媒集团・山西科学技术出版社
地址：太原市建设南路 21 号　邮编　030012
编辑部电话　0351-4922134
发行部电话　0351-4922121
经　　销　各地新华书店
印　　刷　山西新华印业有限公司

开　　本　787mm × 1092mm　1/16
印　　张　18
字　　数　216 千字
版　　次　2021 年 6 月第 1 版
印　　次　2021 年 6 月山西第 1 次印刷
书　　号　ISBN 978-7-5377-6048-5
定　　价　58.00 元

编 委 会

主　　编：魏旺拴

编写人员：贾璟琪　闫政东　王　鑫　武宇红　侯浩然
任晓红　郜丹阳　席　欣　康小青　赵月梅

统　　稿：贾璟琪　闫政东

前 言

中国特色社会主义进入新时代，“三农”工作也进入了新时代。党的十九大提出实施乡村振兴战略，并作为七大战略之一写入党章，这是以习近平同志为核心的党中央对“三农”工作做出的重大战略决策部署，是决胜全面建成小康社会、全面建成社会主义现代化强国的重大历史任务，是新时代做好“三农”工作的总抓手。

乡村振兴是包括产业振兴、人才振兴、文化振兴、生态振兴、组织振兴的全面振兴。实施乡村振兴战略的总目标是农业农村现代化，总方针是坚持农业农村优先发展，总要求是产业兴旺、生态宜居、乡风文明、治理有效、生活富裕，制度保障是建立健全城乡融合发展体制机制和政策体系。习近平总书记高度重视山西发展，在深入山西省视察时明确提出，抓“三农”工作，要紧紧扭住发展现代农业、增加农民收入、建设社会主义新农村三大任务，为山西省实施乡村振兴战略，扎实做好“三农”工作提供了根本遵循。本书正是在此基础上，把国家实施乡村振兴战略的有关理论成果和山西省实践结合起来，针对实施乡村振兴战略中的一些关键问题做出解答。

本书由十二章内容组成：第一章概述，回答了国家和山西两个层面实施乡村振兴战略的相关背景、重大意义、总体要求等问题，对一些具体概念进行了解释阐述；第二章到第十二章以“五个振兴”以及实施乡村建设行动、走质量兴农之路、推动城乡融合发展、实现脱贫攻坚同乡村振兴有效衔接、激发内生动力、促进共同富裕等作为切入点，系统地回答了在实施乡村振兴战略工作中，各个方面的意义、要求以及实施路径和重点事项等相关问题，梳理了山西省在实施乡村振兴战略中颁布出台的政策措施。

本书主要有以下三个特点：一是针对性强。结合山西省实际和实践基础，系统回答了实施乡村振兴战略相关工作中的热点问题和重点内容，梳理了山西省在实施乡村振兴战略中的经验做法以及取得的成效。二是指导性强。突出了问题导向，对广大民众关注的问题做了系统整理，并做出解答。三是实用性强。同山西省实践经验紧密结合，针对一些重点和难点问题详细介绍了山西的主要做法和实施路径，为从事乡村振兴相关工作的同志提供参考。

目录 contents

第一章 概 述

第二章　产业振兴

第三章　人才振兴

第四章　文化振兴

第五章　生态振兴

第六章　组织振兴

第七章　实施乡村建设行动

第八章 走质量兴农之路

第九章　推进城乡融合发展

第十章 实现脱贫攻坚同乡村振兴有效衔接

第十一章　激发内生动力

第十二章 促进共同富裕

第一章 概 述

实施乡村振兴战略，是开启全面建设社会主义现代化国家新征程的必然选择，应该按照产业兴旺、生态宜居、乡风文明、治理有效、生活富裕的总要求加快推进农业农村现代化。

1. 实施乡村振兴战略有何重大意义?

实施乡村振兴战略，是实现中华民族伟大复兴的一项重大任务。民族要复兴，乡村必振兴。无论是从中华民族伟大复兴战略全局看，还是从世界百年未有之大变局看，稳住农业基本盘、守好“三农”基础是应变局、开新局的“压舱石”。构建新发展格局，潜力后劲在“三农”，迫切需要扩大农村需求，畅通城乡经济循环。新发展阶段，党中央坚持把解决好“三农”问题作为全党工作重中之重，举全党全社会之力加快农业农村现代化，让广大农民过上更加美好的生活。用大历史观来看待“三农”问题，全面建设社会主义现代化国家，实现中华民族伟大复兴，最艰巨最繁重的任务依然在农村，最广泛最深厚的基础依然在农村。

实施乡村振兴战略，是从根本上解决新时代“三农”问题的重要举措。农业农村农民问题是关系国计民生的根本问题，必须始终把解决“三农”问题作为全党工作重中之重。党的十九大报告提出实施乡村振兴战略，继承了党重视“三农”问题的优良传统，并进行了创新发展。只有实施乡村振兴战略，才能有力促进现代农业建设，加快实现农业现代化；才能进一步促进农民增收，实现农民生活富裕；才能更好地促进农村经济社会发展，实现农村和谐美丽。可以说，实施乡村振兴战略，是新时代“三农”工作的总抓手，是促进农业发展、农村繁荣、农民增收的治本之策，有助于从根本上解决“三农”问题。

实施乡村振兴战略，是“五位一体”总体布局在农村的具体落实。乡村振兴的总要求，是产业兴旺、生态宜居、乡风文明、治理有效、生活富裕，涉及产业发展、生态环境、精神文明、社会治理、农民生活等“三农”问题的方方面面，体现了经济建设、社会建设、文化建设、政治建设、生态文明建设全面提升的内在要求。这些要求之间是相互联系、相互促进的，共同构成了一个有机整体，是多元一体的农业农村综合建设和全面发展过程。

实施乡村振兴战略，是新时代解决我国社会主要矛盾的迫切要求。中国特色社会主义进入新时代，我国社会主要矛盾已经转化为人民日益增长的美好生活需要和不平衡不充分的发展之间的矛盾。目前，最大的发展不平衡是城乡之间发展的不平衡，最大的发展不充分是农业农村发展的不充分。可以说，“三农”问题是我国经济社会发展不平衡和不充分的主要表现。解决我国社会的主要矛盾，迫切需要实施乡村振兴战略，坚持农业农村优先发展，加快推进农业农村现代化，缩小城乡差距，实现城乡融合。只有这样，才能促进发展更平衡、更充分，更好地满足人民日益增长的美好生活需要。

实施乡村振兴战略，是开启全面建设社会主义现代化国家新征程的必然要求。实施乡村振兴战略，是党中央着眼“两个一百年”奋斗目标导向和农业农村短腿短板的问题导向做出的重大战略安排。实现第一个百年奋斗目标，全面建成小康社会，短板在农村，难点是农村贫困人口脱贫。实现第二个百年奋斗目标，全面建设社会主义现代化国家，短板也在农村，难点是实现农业农村现代化。实施乡村振兴战略，就是要加快补齐农业农村发展的短板，加快实现农业农村现代化，加快形成工农互促、城乡互补、协调发展、共同繁荣的新型工农城乡关系，促进农业高质高效、乡村宜居宜业、农民富裕富足。是开启全面建设社会主义现代化国家新征程的必经之路。

2. 实施乡村振兴战略的总要求是什么？

实施乡村振兴战略，应按照产业兴旺、生态宜居、乡风文明、治理有效、生活富裕的总要求，加快推进农业农村现代化。

产业兴旺是重点。要以推进农业供给侧结构性改革为主线，以构建现代农业产业体系、生产体系、经营体系为抓手，促进农村一二三产业融合发展，延伸农业产业链、价值链，提高农业综合效益和竞争力。

生态宜居是关键。要适应生态文明建设要求，因地制宜发展绿色农业，搞好农村人居环境综合整治，尽快改变许多地方农村污水乱排、垃圾乱扔、秸秆乱烧的脏乱差状况，促进农村生产、生活、生态协调发展。

乡风文明是保障。要大力弘扬社会主义核心价值观，抓好农村移风易俗，坚决反对铺张浪费、婚丧大操大办等陈规陋习，树立文明新风，全面提升农民素质，打造农民的精神家园。

治理有效是基础。要通过健全自治、法治、德治相结合的乡村治理体系，坚持系统治理、依法治理、综合治理、源头治理，确保广大农民安居乐业、农村社会安定有序。

生活富裕是根本。要努力保持农民收入较快增长的势头，不断缩小城乡居民收入差距，让广大农民群众和全国人民一道进入全面小康社会。

3. 实施乡村振兴战略的总目标、总方针是什么？

实施乡村振兴战略的总目标是农业农村现代化。实现农业现代化，使农业成为有奔头的产业；建设现代化农村，使农村成为安居乐业的美丽家园；培育高素质农民，使农民成为有吸引力的职业。

实施乡村振兴战略的总方针是坚持农业农村优先发展。在干部配备上优先考虑，在要素配置上优先满足，在资金投入上优先保障，在公共服务上优先安排。

4. 新时代做好乡村振兴工作的根本遵循是什么？

确立新时代乡村振兴的根本方向。农业农村现代化是国家现代化的重要基础，是我国现代化进程中亟须补齐的短板，农业农村现代化总目标符合党的执政宗旨和社会主义的本质要求。

明确新时代乡村振兴的战略步骤。第一步，到2020年乡村振兴取得重要进展，制度框架和政策体系基本形成；第二步，到2035年乡村振兴取得决定性进展，农业农村现代化基本实现；第三步，到2050年乡村全面振兴，农业强、农村美、农民富全面实现。

指明新时代乡村振兴的基本道路。走城乡融合发展之路，走共同富裕之路，走质量兴农之路，走乡村绿色发展之路，走乡村文化兴盛之路，走乡村善治之路，走中国特色减贫之路。

5. 如何理解实施乡村振兴战略是开启全面建设社会主义现代化国家新征程的必然选择?

没有农业农村的现代化，就没有国家的现代化。没有乡村的振兴，就没有中华民族的伟大复兴。在开启全面建设社会主义现代化国家新征程上，把解决好“三农”问题作为全党工作重中之重，坚持优先发展，全面推进乡村振兴，既是遵循经济发展客观规律的必然之举，也是着眼实现社会主义现代化远景目标的大势所趋。

全面建设社会主义现代化强国，最广泛最深厚的基础在农村，最大的潜力和后劲也在农村。乡村振兴是实现农业农村现代化的关键。无论是粮食生产，还是耕地保护；无论是实施乡村建设行动，还是坚持乡村历史文化传承，都需要我们把全面推进乡村振兴摆在优先位置，在要素配置上优先满足，在公共财政投入上优先保障，在公共服务上优先安排，推动形成工农互促、城乡互补、协调发展、共同繁荣的新型工农城乡关系，切实把农业农村优先发展落到实处。

由于历史欠账太多，再加上多种因素制约，我国城乡发展不平衡不协调的矛盾比较突出，表现在城乡居民收入差距较大、农业基础仍不稳固、农村社会事业发展滞后等。可以说，城乡发展不平衡不协调，是现阶段我国经济社会发展中最为突出的结构性矛盾，也是我们面临的许多问题的总病根。这些问题不仅制约农业农村发展，也制约城镇化水平和质量的提升，是全面建设社会主义现代化国家进程中无法回避的挑战。党的十九大报告提出实施乡村振兴战略，就是要始终坚持把解决“三农”问题作为全党工作重中之重，并通过采取更加有力的举措，切实改变农业农村落后面貌，拉长“四化同步”发展中农业这条短腿，补齐农村这块全面小康社会的短板。

6. 新时代我国社会的主要矛盾是什么？

党的十九大报告指出“中国特色社会主义进入新时代，我国社会主要矛盾已经转化为人民日益增长的美好生活需要和不平衡不充分的发展之间的矛盾。”从某种意义上讲，发展最不平衡的是城乡发展不平衡，最不充分的是乡村发展不充分。实施乡村振兴战略，是解决新时代我国社会主要矛盾的迫切要求。

7. 如何理解实施乡村振兴战略的“五个振兴”？

实施乡村振兴战略是新时代做好“三农”工作的总抓手，要推动乡村产业振兴、人才振兴、文化振兴、生态振兴和组织振兴。

乡村产业振兴。要着力构建现代农业产业体系、生产体系、经营体系，实现农村一二三产业深度融合发展，推动农业从增产导向转向提质导向，增强我国农业创新力和竞争力，为建设现代化经济体系奠定坚实基础，为农民增收拓展空间。

乡村人才振兴。要着力增强内生发展能力，要实施好乡村振兴人才支撑计划，培育新型职业农民，加强农村专业人才队伍建设，吸引更多社会人才投身乡村建设，通过留住一部分农村优秀人才，吸引一部分外出人才回乡和一部分社会优秀人才下乡，以人才汇聚推动和保障乡村振兴，增强农业农村内生发展能力。

乡村文化振兴。要着力传承发展中华优秀传统文化，要以乡村公共文化服务体系建设为载体，培育文明乡风、良好家风、淳朴民风，要让中华优秀文化精髓如邻里守望、诚信重礼、勤俭节约的文明之风在乡村兴盛起来。

乡村生态振兴。要着力建设宜业宜居的美丽生态家园，要以绿色发展为引领，严守生态保护红线，推进农业农村绿色发展，加快农村人居环境整治，让良好生态成为乡村振兴支撑点，打造农民安居乐业的美丽家园。

乡村组织振兴。要加强以党组织为核心的农村基层组织建设，建设好农村基层党组织带头人队伍，完善村民自治制度，推进乡村法治建设，提升乡村德治水平，促进自治、法治、德治有机结合，要加强农村基层党组织对乡村振兴的全面领导，推动乡村振兴。

8. 怎样理解优先发展农业农村，全面推进乡村振兴？

没有农业农村的现代化，就没有国家的现代化。没有乡村的振兴，就没有中华民族的伟大复兴。党的十九届五中全会提出“优先发展农业农村，全面推进乡村振兴”，是党的十九大报告中关于“实施乡村振兴战略”论述的一脉相承，为我们立足“十四五”乃至2035年远景目标做好“三农”工作，促进农业全面升级、农村全面进步、农民全面发展提供了重要遵循。

全面建设社会主义现代化强国，最广泛最深厚的基础在农村，最大的潜力和后劲也在农村。对标“十四五”时期“农业基础更加稳固”的目标、对标2035年基本实现农业现代化的远景目标，我国农业农村发展还存在不少约束条件，补齐现代化道路上的这一短板，需要我们坚持农业农村优先发展，通过处理好工农关系、城乡关系，走中国特色社会主义乡村振兴道路，全面实施乡村振兴战略，加快农业农村现代化。

乡村振兴是实现农业农村现代化的关键。从“实施乡村振兴战略”到“全面实施乡村振兴战略”，“全面”二字内涵丰富，既体现了乡村振兴已取得阶段性成果，又指向下一阶段将往扩面提质方向发力。无论是粮食生产，还是耕地保护；无论是实施乡村建设行动，还是保护和传承乡村历史文化，都需要把全面推进乡村振兴摆在优先位置，在要素配置上优先满足，在公共财政投入上优先保障，在公共服务上优先安排，推动形成工农互促、城乡互补、协调发展、共同繁荣的新型工农城乡关系，切实把农业农村优先发展落到实处。

手中有粮，心中不慌。要进一步夯实农业基础，保障重要农产品有效供给。以保障国家粮食安全为底线稳住耕地，确保粮食供给不出问题；以满足居民粮食消费升级为导向，不断提高农业质量效益和竞争力；以土地制度改革为牵引推进农村改革，通过改革释放发展活力。如此，我们就能把粮食安全主动权牢牢掌握在自己手里，为全面推进乡村振兴和实现农业农村现代化增添源源不断的动力。

9. 怎样理解统领乡村振兴工作全局要坚持新发展理念？

发展理念是战略性、纲领性、引领性的东西，是发展思路、发展方向、发展着力点的集中体现。实施乡村振兴战略，是建设现代化经济体系的重要基础，必须深入贯彻落实新发展理念。

坚持以新发展理念统领乡村振兴工作全局，是实现乡村全面振兴的重要前提。新发展理念是对我国经济发展实践经验的科学总结，是中国特色社会主义政治经济学的开创性成果，也是构建中国特色社会主义经济发展理论的科学指南。在新发展理念中，创新是引领发展的“第一动力”，协调是持续健康发展的“内在要求”，绿色是永续发展的“必要条件”和人民对美好生活追求的“重要体现”，开放是国家繁荣发展的“必由之路”，共享是中国特色社会主义的“本质要求”。以新发展理念统领乡村振兴工作全局，能够牢牢遵循乡村发展规律，坚持乡村全面振兴，抓重点、补短板、强弱项，科学把握乡村产业、人才、文化、生态和组织振兴的内在关联，整体推动农业全面升级、农村全面进步、农民全面发展，全面实现农业强、农村美、农民富。

坚持把新发展理念贯穿于乡村振兴工作的全过程，是着力破解“三农”发展难题、推动经济高质量发展的关键一环。我国人民日益增长的美好生活需要和不平衡不充分的发展之间的矛盾在乡村最为突出。创新发展有利于解决乡村发展的动力问题，协调发展有利于解决乡村发展的不平衡问题，绿色发展有利于解决乡村发展的人与自然和谐问题，开放发展有利于解决乡村发展的内外联动问题，共享发展有利于解决乡村发展的公平正义问题。同时，把新发展理念贯穿于乡村振兴工作的全过程，能够有效提升乡村的消费与投资需求，发挥乡村生产要素的相对优势，拓宽国家抵御经济风险的范围与空间，改善资源配置模式与宏观调控方式，使得乡村发展对整体社会发展的独特价值和多元功能得以充分展现，从而更好地推动经济高质量发展。

10. 怎样理解以新发展理念推进乡村振兴实践？

习近平总书记指出：“发展理念搞对了，目标任务就好定了，政策举措跟着也就好定了。”乡村振兴的全局和全过程必须紧紧围绕新发展理念，坚持走中国特色社会主义乡村振兴道路，让农业成为有奔头的产业，让农民成为有吸引力的职业，让农村成为安居乐业的美丽家园。

坚持创新发展，激发乡村振兴改革动力。改革始终是农业农村发展的重要法宝。新时代推进乡村振兴，要坚持向改革要动力，向创新要活力，着力破除体制机制弊端，让乡村各种资源要素活起来，让广大农民的积极性和创造性迸发出来。在乡村振兴实践中，一是要深入推进农村集体产权制度改革。探索宅基地所有权、资格权、使用权“三权分置”，有序推进农村集体经营性资产股份合作制改革。二是要大力推进农业现代化。深入推进农业供给侧结构性改革，构建以农户家庭经营为基础、合作与联合为纽带、社会化服务为支撑的立体式、复合型现代农业经营体系。三是要健全农业农村科技创新体系。加强农业基础与应用基础研究，部署实施重点研发专项、重大项目，加快培育农业农村领域科技领军人才、创新创业人才、乡村实用科技人才。

坚持协调发展，形成城乡平衡发展格局。实施乡村振兴战略，是解决我国发展不平衡不充分问题的重大举措。必须贯彻协调发展理念，既要坚持城乡一盘棋，推进城乡之间、工农业之间协调发展，又要注重乡村自身精神文明和物质文明的协调发展。在乡村振兴实践中，一是要坚持农业农村优先发展的总方针。把重中之重、优先发展的要求，落实到政策制定、工作部署、财力投放、要素配置、干部配备等方面。二是要推进城乡协调发展。加快建立健全城乡融合发展体制机制和政策体系，逐步推动人才、土地、资本等要素在城乡间双向流动。三是要推进乡村物质文明与精神文明协调发展。保护和传承农村优秀传统文化，培育文明乡风、良好家风、淳朴民风。

坚持绿色发展，加快推进美丽乡村建设。良好生态环境是乡村的最大优势和宝贵财富。要牢固树立和践行“绿水青山就是金山银山”理念，加快推行乡村绿色发展方式和生活方式，增加农业生态产品和服务供给，让生态环境优势转化为经济优势、发展优势，打造农民安居乐业的美丽家园。在乡村振兴实践中，一是要加强农村环境治理。全面推开以农村垃圾污水治理、厕所革命和村容村貌提升为重点的农村人居环境整治，重点加强农业面源污染防治，实现投入品减量化、生产清洁化、废弃物资源化、产业模式生态化。二是要提升乡村生态品质。统筹山水林田湖草系统治理，实施造林绿化与退耕还林、森林质量提升、湿地保护与恢复、生物多样性保护等生态工程。三是要积极发展绿色产业。发展生态观光农业和乡村休闲旅游产业，形成环境美化与经济发展互促、美丽乡村与农民富裕并进的局面。

坚持开放发展，为乡村发展增添新活力。实施乡村振兴战略，推进农业农村现代化，不能唯农业论农业、就农村谈农村，更不能只靠乡村自身积累，而要跳出乡村看乡村，在开放中为乡村注入发展活力、拓展发展空间。在乡村振兴实践中，一是要以开放思维推进乡村振兴。积极借鉴国外乡村发展的成功经验，统筹利用好国际国内两个市场两种资源。二是要以对外开放促进产业升级。主动对接“一带一路”建设，打造一批农业国际合作示范区，建设一批出口农产品示范基地。三是要以开放的市场环境汇聚要素资源。着力优化乡村投资和营商环境，坚决破除妨碍城乡要素自由流动的政策壁垒，致力打造市场化、法治化、透明化的营商环境。

坚持共享发展，着力提升农民的获得感。乡村振兴，生活富裕是根本。要顺应广大农民群众对美好生活的新期待，加快补齐农村基础设施短板，提高公共服务水平，全面提升农民生活质量，让广大农民在共建共享发展中有更多获得感。在乡村振兴实践中，一是要高质量打赢脱贫攻坚战。统筹考虑脱贫后的政策连续性问题，探索建立防范返贫和新生贫困、解决相对贫困的长效机制，做好脱贫攻坚与乡村振兴战略衔接。二是要提升农村基础设施和公共服务水平。优化城乡基本服务的供给模式，推动公共服务向农村延伸，社会事业向农村覆盖。三是要千方百计增加农民收入。

建立健全农民持续增收的长效机制，多措并举，有效增加农民生产性收入、经营性收入、劳务性收入、财产性收入、政策性收入，从而不断提升农民群众的获得感、幸福感和安全感。

11. 怎样全面推进乡村振兴战略实施？

全面实施乡村振兴战略，必须加强顶层设计，以更有利的举措、汇聚更强大的力量来推进。

一是要加快发展乡村产业，顺应产业发展规律，立足当地特色资源，推动乡村产业发展壮大，优化产业布局，完善利益联结机制，让农民更多分享产业增值收益。

二是要加强社会主义精神文明建设，加强农村思想道德建设，弘扬和践行社会主义核心价值观，普及科学知识，推进农村移风易俗，推动形成文明乡风、良好家风、淳朴民风。

三是要加强农村生态文明建设，保持战略定力，以钉钉子精神推进农业面源污染防治，加强土壤污染、地下水超采、水土流失等治理和修复。

四是要深化农村改革，加快推进农村重点领域和关键环节改革，激发农村资源要素活力，完善农业支持保护制度，尊重基层和群众创造，推动改革不断取得新突破。

五是要实施乡村建设行动，继续把公共基础设施建设的重点放在农村，在推进城乡基本公共服务均等化上持续发力，注重加强普惠性、兜底性、基础性民生建设。要接续推进农村人居环境整治提升行动，重点抓好改厕和污水、垃圾处理。要合理确定村庄布局分类，注重保护传统村落和乡村特色风貌，加强分类指导。

六是要推动城乡融合发展见实效，健全城乡融合发展体制机制，促进农业转移人口市民化。要把县域作为城乡融合发展的重要切入点，赋予县级更多资源整合使用的自主权，强化县城综合服务能力。

七是要加强和改进乡村治理，加快构建党组织领导的乡村治理体系，深入推进平安乡村建设，创新乡村治理方式，提高乡村善治水平。

12. 当前推进乡村振兴战略面临的突出问题是什么？

农业供给质量和效益不高，农村基础设施和环境短板突出，乡村民生领域欠账较多，乡村治理体系和治理能力有待提高，城乡融合发展体制机制尚不完善，乡村人力资源短缺。

13. “十三五”时期我国农业农村发展取得了哪些成就？

“十三五”时期是全面建成小康社会决胜阶段，我国农业农村发展取得历史性成就，乡村振兴实现良好开局。

一是粮食年产量连续稳定在0.65万亿千克以上。坚持“藏粮于地、藏粮于技”战略，完成8亿亩旱涝保收、高产稳产的高标准农田建设任务，划定10.88亿亩（1公顷=15亩）粮食生产功能区和重要农产品生产保护区。水稻、小麦自给率保持在100%以上，玉米自给率超过95%，肉蛋奶、果菜茶品种丰富、供应充裕，有效满足了人民群众日益增长的消费需求。

二是农业现代化建设迈上新台阶。农业科技进步贡献率突破60%，农作物耕种收综合机械化率超过70%，主要农作物良种实现全覆盖。农产品质量安全监测合格率稳定在97%以上，质量兴农、绿色兴农成为现代农业主旋律。

三是农民收入提前实现翻番目标。农村居民人均可支配收入2020年突破1.7万元，比2010年翻一番，增速连续10年高于城镇居民，城乡居民收入差距持续缩小，农民群众的获得感、幸福感、安全感显著增强。

四是脱贫攻坚取得决定性成就。现行标准下5575万农村贫困人口全部脱贫，832 个贫困县全部摘帽，区域性整体贫困问题得到解决。产业扶贫成为覆盖面最广、带动人数最多、取得成效最大的扶贫举措。

五是乡村振兴实现良好开局。乡村振兴战略规划发布实施，党的农村工作条例颁布施行，乡村振兴制度框架基本形成。农村卫生厕所普及率超过 65%，行政村生活垃圾收运处置体系覆盖率超过 90%，农村水、电、路、通信等基础设施加快建设，教育、医疗、养老等公共服务水平不断提升，乡村治理体系进一步完善，乡村面貌焕发新气象。

六是农村改革持续深化。农村基本经营制度进一步巩固完善，第二轮土地承包到期后再延长 30 年政策出台，农村承包地所有权、承包权、经营权“三权分置”取得重大进展，新一轮农村宅基地改革试点启动实施。农业支持保护制度逐步健全，以绿色生态为导向的农业补贴制度初步建立，农村改革“四梁八柱”基本构建。

这些成就的取得，是以习近平同志为核心的党中央统揽全局、坚强领导的结果，是亿万农民和广大干部辛勤努力、不懈奋斗的结果，是强农惠农富农政策不断完善、持续强化的结果。

14. 为什么要加快实现农业农村现代化？

实现农业农村现代化，是国家现代化的重要组成部分，也是国家现代化的重要标志。早在中华人民共和国成立之初，我们党就提出并开始推进农业现代化。经过几代人持续奋斗，特别是改革开放 40 多年以来持续快速发展，我国农业农村现代化水平不断迈上新台阶。

目前，全国人均粮食占有量超过世界平均水平，人均水果、蔬菜、水产品、禽蛋产量跃居世界前列。我国用不到全球 10% 的耕地养活了全球 18% 的人口。我国农业物质技术装备水平不断提升，农业生产实现了从主要依靠人力畜力向主要依靠机械动力的转变，全国农作物耕种收综合机械化率超过70%，农田有效灌溉面积超过10.24亿亩。农村面貌焕然一新，全国基本实现村村通公路、通电力、通电话、通有线电视和宽带，农村社会保障体系逐步健全，农民收入水平不断提高，生活水平大幅改善，实现了从温饱不足到丰衣足食、从绝对贫困到全面小康的历史性跨越。

但是，由于我们国家大、历史欠账多，再加上多种因素制约，城乡发展不平衡不协调的矛盾依然比较突出，农业农村现代化仍然是“四化同步”发展中的短板和弱项。我国农业物质技术基础总体上依然薄弱，中低等耕地超过70%，农业科技贡献率显著低于农业发达国家；农业规模小，组织化程度较低，农业竞争力不强；农业资源环境压力较大，耕地退化和污染问题突出；城乡差距仍很明显，2020年城乡居民收入比仍高达2.56 ：1，农村基础设施和文化、教育、卫生、社会保障水平等均显著落后于城镇。

“十四五”时期是全面建设社会主义现代化国家开局起步的重要时期，也是调整我国城乡关系和推进农业农村现代化的历史窗口期。坚持把解决好“三农”问题作为全党工作重中之重，走中国特色社会主义乡村振兴道路，全面实施乡村振兴战略，强化以工补农、以城带乡，推动形成工农互促、城乡互补、协调发展、共同繁荣的新型工农城乡关系，加快农业农村现代化。具体讲，需要着重抓好3个“同步推进”。一是同步推进土地产出率和农业劳动生产率的提升，以深化农业供给侧结构性改革为重点，促进农业供给更好适应市场需求变化，推动农村一二三产业融合发展，实现农业高质量发展，全面提高农业综合效益和竞争力。二是同步推进农业现代化和农村现代化，以实施乡村建设行动为抓手，在夯实现代农业物质技术基础的同时，花更大气力改善农村面貌、提高农民生活水平，尽快实现农业强、农村美、农民富的目标。三是同步推进农村生产力现代化和乡村治理现代化，以健全党组织领导下的自治、法治、德治相结合的乡村治理体系为导向，不断完善乡村治理机制，构建起适合农村特点的、高效率的现代治理体系，推动传统农村社会向现代社会平稳转型。

15. 数字乡村建设发展的任务和实施步骤是什么?

加快乡村信息基础设施建设、发展农村数字经济、强化农业农村科技创新供给、建设智慧绿色乡村、繁荣发展乡村网络文化、推进乡村治理能力现代化、深化信息惠民服务、激发乡村振兴内生动力、推动网络扶贫向纵深发展、统筹推动城乡信息化融合发展等十项重点任务。

实施数字乡村战略，主要分四个阶段：

第一个阶段，到 2020 年，数字乡村建设取得初步进展。农村互联网普及率明显提升，农村数字经济快速发展，“互联网 + 政务服务”加快向乡村延伸，网络扶贫行动向纵深发展，信息化在美丽宜居乡村建设中的作用更加显著。

第二个阶段，到 2025 年，数字乡村建设取得重要进展，城乡“数字鸿沟”明显缩小。4G 在乡村进一步深化普及，5G 创新应用逐步推广。农村流通服务更加便捷，乡村网络文化繁荣发展，乡村数字治理体系日趋完善。

第三个阶段，到 2035 年，数字乡村建设取得长足进展。城乡“数字鸿沟”大幅缩小，农民数字化素养显著提升。农业农村现代化基本实现，城乡基本公共服务均等化基本实现，乡村治理体系和治理能力现代化基本实现，生态宜居的美丽乡村基本实现。

第四个阶段，到 21 世纪中叶，全面建成数字乡村，助力乡村全面振兴，全面实现农业强、农村美、农民富。

16. 我国对数字乡村建设发展做出了哪些部署和要求?

实施乡村振兴战略要紧紧抓住信息化带来的重大历史机遇，立足新时代国情农情，要将数字乡村作为数字中国建设的重要方面，加快信息化发展，整体带动和提升农业农村现代化发展。以数字化助推城乡发展和治理模式创新，全面提高运行效率和宜居度。加快推进数字乡村建设，构建面向农业农村的综合信息服务体系，建立涉农信息普惠服务机制，推动乡村管理服务数字化。

推动购物消费、居家生活、旅游休闲、交通出行等各类场景数字化，打造智慧共享、和睦共治的新型数字生活。推进智慧社区建设，依托社区数字化平台和线下社区服务机构，建设便民惠民智慧服务圈，提供线上线下融合的社区生活服务、社区治理及公共服务、智能小区服务等。加快信息无障碍建设，帮助老年人、残疾人等共享数字生活。

数字乡村发展要深入贯彻习近平总书记关于“三农”工作的重要论述，强调坚持党的领导、坚持全面振兴、坚持城乡融合、坚持改革创新、坚持安全发展、坚持以人民为中心的基本原则，统筹推进农村经济、政治、文化、社会、生态文明和党的建设等各领域信息化建设，不断催生乡村发展的内生动力，不断提升农民的获得感、幸福感、安全感。

17. 山西省建设数字乡村，发展农村数字经济的具体内容是什么?

夯实数字农业基础。完善自然资源遥感监测“一张图”和综合监管平台，对永久基本农田实行动态监测。建设农业农村遥感卫星等天基设施，大力推进北斗卫星导航系统、高分辨率对地观测系统在农业生产中的应用。推进农业农村大数据中心和重要农产品全产业链大数据建设，推动农业农村基础数据整合共享。

推进农业数字化转型。加快推广云计算、大数据、物联网、人工智能在农业生产经营管理中的运用，促进新一代信息技术与种植业、种业、畜牧业、渔业、农产品加工业全面深度融合应用，打造科技农业、智慧农业、品牌农业。建设智慧农（牧）场，推广精准化农（牧）业作业。

创新农村流通服务体系。实施“互联网 +”农产品出村进城工程，加强农产品加工、包装、冷链、仓储等设施建设。深化乡村邮政和快递网点普及，加快建成一批智慧物流配送中心。深化电子商务进农村综合示范，培育农村电商产品品牌。建设绿色供应链，推广绿色物流。推动人工智能、大数据赋能农村实体店，促进线上线下渠道融合发展。

积极发展乡村新业态。推动互联网与特色农业深度融合，发展创意农业、认养农业、观光农业、都市农业等新业态，促进游憩休闲、健康养生、创意民宿等新产业发展，规范有序发展乡村共享经济。

18. 山西省实施乡村振兴战略的目标任务是什么？

到 2020 年，山西省乡村振兴取得阶段性进展，制度框架和政策体系基本构建，城乡融合发展体制机制初步建立。现代特色农业产业体系初步构建，农村一二三产业融合发展水平稳步提高；农村基础设施建设深入推进，农村人居环境不断改善；优秀乡土文化得以传承和发展，农民精神文化生活不断丰富；自治、法治、德治相结合的乡村治理体系初步构建，乡村治理能力进一步提升；农村居民人均可支配收入比 2010 年翻一番，城乡居民收入差距持续缩小；现行标准下农村贫困人口全部脱贫，贫困县全部摘帽，解决区域性整体贫困，实现全面建成小康社会目标。

到 2022 年，山西省乡村振兴取得重要突破，制度框架和政策体系基本形成，城乡互促互进、共生共存的格局初步定型。形成一批各具特色的乡村振兴模式和经验，为实现农业农村现代化奠定坚实基础。

到2035年，山西省乡村振兴取得决定性进展，与全国同步基本实现农业农村现代化。城乡融合发展格局基本定型，农业高质量发展基本实现，农村生态环境根本好转，乡村文化繁荣兴盛，农村面貌焕然一新，现代乡村治理格局基本形成，农民享有更加幸福安康的生活。

到2050年，山西省农业农村现代化全面实现，乡村全面振兴，农业强、农村美、农民富的目标全面实现。

19. 山西省实施乡村振兴战略要坚持哪些基本原则？

坚持党管农村工作。毫不动摇地坚持和加强党对农村工作的领导，健全党管农村工作领导体制机制，确保党在农村工作中始终总揽全局、协调各方，为乡村振兴提供坚强有力的政治保障。

坚持农业农村优先发展。把实现乡村振兴作为全省上下的共同意志、共同行动，做到认识统一、步调一致，在干部配备上优先考虑，在要素配置上优先满足，在资金投入上优先保障，在公共服务上优先安排，加快补齐农业农村短板。

坚持农民主体地位。充分尊重农民意愿，切实发挥农民的主体作用，调动广大农民的积极性、主动性、创造性，把维护农民群众根本利益、促进农民共同富裕作为出发点和落脚点，促进农民持续增收，不断提升农民的获得感、幸福感、安全感。

坚持乡村全面振兴。准确把握乡村振兴的科学内涵，遵循乡村振兴的总体要求，统筹谋划乡村产业建设、人才建设、文化建设、生态建设、组织建设，整体部署、协调推进，全面推动乡村产业振兴、人才振兴、文化振兴、生态振兴、组织振兴。

坚持城乡融合发展。以融合发展为主线，强化制度供给，建立城乡融合发展的体制机制，推动城乡要素自由流动、平等交换，推动新型工业化、信息化、城镇化、农业现代化同步发展，加快形成工农互促、城乡互补、全面融合、共同繁荣的新型工农城乡关系。

坚持改革创新、激发活力。充分发挥转型综改的战略牵引作用，将乡村振兴战略与我省“三大目标”有机融合，不断全面深化改革，扩大农业对外开放，激活要素和市场，以科技创新支撑乡村振兴，以人才汇聚推动乡村振兴，增强农业农村发展活力。

坚持因地制宜、循序渐进。科学把握乡村差异性和发展走势分化特征，注重规划先行、突出重点、分类施策、典型引路，力求体现特色、注重实效。不搞齐步走、一刀切，正确处理阶段性目标和长远目标的关系，既要量力而行，又要尽力而为，打好基础，分步实施。

20. 山西省实施乡村振兴战略的指导思想是什么？

以习近平新时代中国特色社会主义思想为指导，全面贯彻落实党的十九大精神和习近平总书记视察山西重要讲话重要指示，加强党对“三农”工作的领导，坚持稳中求进工作总基调，牢固树立新发展理念，落实高质量发展要求，坚持“三农”重中之重地位，坚持农业农村优先发展，按照产业兴旺、生态宜居、乡风文明、治理有效、生活富裕的总要求，建立健全城乡融合发展体制机制和政策体系，统筹推进农村经济建设、政治建设、文化建设、社会建设、生态文明建设和党的建设，加快推进乡村治理体系和治理能力现代化，加快推进农业农村现代化，走出中国特色社会主义乡村振兴道路山西路径，实现农业全面转型升级、农村全面繁荣进步、农民全面富裕发展。

21. 山西省实施乡村振兴战略的基础是什么？

党的十八大以来，山西省委省政府坚决贯彻中央决策部署和习近平总书记视察山西重要讲话重要指示，把解决好“三农”问题作为重中之重，进一步加强党的领导，农业供给侧结构性改革不断深入，现代特色农业加速发展，农民收入持续增长，农村改革红利持续释放，推动全省农业农村发展取得重大进步。

农业供给侧结构性改革不断深入。大力实施现代特色农业提质增效工程，山西农谷、雁门关农牧交错带示范区、运城农产品出口平台建设三大省级战略全面启动。有机旱作农业、城郊农业、功能农业稳步发展，特色农产品优势区建设开始起步。农业机械化水平大幅提升，粮食综合生产能力稳定在135亿千克以上。农业标准化战略有效实施，优质安全农产品供应持续增加。休闲农业、农耕体验、农村电商等新产业新业态层出不穷，产业融合发展趋势明显，农业农村发展新动能加快成长。

农民生活质量明显提升。把“三农”作为公共财政的支出重点，出台了一系列强农、惠农、富农政策，农村居民收入持续增长，跑赢了城镇居民收入，城乡居民可支配收入比缩小至2.7，农村恩格尔系数下降到27.4%。统筹城乡就业、教育、医疗、文化，城乡公共服务差距不断缩小，农民获得感显著增强。覆盖城乡居民的社会保障体系基本建成，保障水平稳步提高。强化农村基础设施建设，农村人居环境显著改善，农村饮水安全巩固提升，新一轮农网升级改造、“四好农村路”等一系列重大举措加速推进，农村生产生活条件持续改善。林业“六大工程”、“两山七河”生态修复、村庄绿化等生态建设取得积极进展，农业正在变绿，乡村正在变美。

脱贫攻坚取得决定性进展。坚决贯彻习近平总书记扶贫工作重要论述和两次视察山西重要讲话重要指示，全面落实中央精准扶贫精准脱贫决策部署，把脱贫攻坚摆在全省工作的突出位置，高位推动，持续发力，全力实施“八大工程二十项行动”，建立完善六大政策保障机制，持续强化四个“三位一体”组织保障体系，狠抓责任落实、政策落实、工作落实，以攻坚深度贫困的重点突破，带动面上工作的全面提升。

农村各项改革持续深化。农村土地制度、集体产权制度、农业支持保护体系、现代农村金融制度等改革取得一系列新进展。农村承包地确权登记颁证工作基本完成，县、乡两级农村产权流转交易市场同步建立。农村集体产权制度改革试点进展顺利，成效明显，清产核资全面铺开。农村集体经营性建设用地入市试点、闲置低效宅基地整治盘活利用试点等工作取得初步成效。集体林权制度改革基本完成。农业支持保护制度更加完善，财政、金融、社会资本共同发力，对“三农”支持力度不断加大。

农村基层建设逐步强化。加强农村基层党建、“并村简干提薪招才建制”、壮大村集体经济、充实乡村工作力量、提升乡村干部工作生活水平等一系列有力举措顺利实施，农村“三基建设”不断加强。普遍建立了村民会议或村民代表会议、村民自治章程、村规民约、村务公开和民主监督制度，村民自治工作不断完善，规范程度进一步提高，农村基层民主政治建设稳步推进。推动乡村法治建设，创新开展以德治村，法治和德治相得益彰，“乡村治、百姓安”的局面正在形成。农村精神文明建设深入推进，三晋优秀乡土文化保护传承取得阶段性进展，思想道德主流保持积极健康向上态势，农村社会总体和谐稳定。

22. 山西省在推进实施乡村振兴战略中，主要编制了哪些规划？

为贯彻落实《中共中央国务院关于实施乡村振兴战略的意见》及省委农村工作暨脱贫攻坚会议精神，科学构建山西省乡村振兴战略规划体系，分别编制了《山西省乡村振兴战略总体规划（2018—2022年）》《山西省乡村振兴战略产业兴旺专项规划》《山西省乡村振兴战略生态宜居专项规划》《山西省乡村振兴战略乡风文明专项规划》《山西省乡村振兴战略治理有效专项规划》《山西省乡村振兴战略生活富裕专项规划》《山西省乡村振兴战略体制机制专项规划》《山西省“十四五”农业农村现代化规划》《山西省“十四五”农业现代化三大战略、十大产业集群培育及巩固脱贫成果规划》等。各市县也制定了相应规划并根据实际制定村庄规划。

23. 山西省在推进实施乡村振兴战略中，主要出台了哪些政策？

为推进实施乡村振兴战略，山西省主要出台了《关于推进“一村一品一主体”产业扶贫的实施意见》（晋政办发〔2017〕7号）、《山西省深度贫困县农林脱贫主导产业发展的若干意见》（晋脱贫攻坚组〔2017〕44号）、《山西省特色产业扶贫工作领导小组“五有”产业扶贫机制标准》（晋脱贫攻坚组〔2017〕19号）、《山西农谷建设2018年行动计划》、《雁门关农牧交错带示范区建设2018年行动计划》、《运城农产品出口平台建设2018年行动计划》（晋政办发〔2018〕59号）、《关于加快推进农业机械化和农机装备产业转型升级的实施意见》（晋政发〔2019〕22号）、《关于加快杂粮全产业链开发的实施意见》（晋政办发〔2019〕29号）、《山西省人民政府关于加快推进农产品精深加工十大产业集群发展的意见》（晋政发〔2020〕5号）、《关于开展省级政策性小麦、玉米完全成本保险、产量保险、收入保险和未转移就业收入损失保险试点实施方案》（晋财经〔2020〕87号）、《关于全面推进乡村振兴加快农业农村现代化的实施方案》、《关于巩固拓展脱贫攻坚成果有效衔接乡村振兴的实施方案》、《关于支持农业高质量高速度发展推进乡村产业振兴若干政策措施》等政策文件。

24. 山西省委提出“四为四高两同步”总体思路和要求，具体指的是什么？

2019年底，山西省委经济工作会议明确提出“四为四高两同步”总体思路和要求，表明了坚定不移将转型综改进行到底的信心和决心。“四为四高两同步”中，“四为”指坚持转型为纲、项目为王、改革为要、创新为上；“四高”指推动高质量发展、高水平崛起、高标准保护、高品质生活；“两同步”指到2020年我省与全国同步全面建成小康社会，到2035年与全国同步基本实现社会主义现代化。

25. “六稳六保”指的是什么？

2020年政府工作报告提出，加大“六稳”“六保”工作力度。

“六稳”指的是稳就业、稳金融、稳外贸、稳外资、稳投资、稳预期工作。

“六保”指的是保居民就业、保基本民生、保市场主体、保粮食能源安全、保产业链供应链稳定、保基层运转。

26. 山西省如何推进乡村振兴战略的实施？

大力实施三大省级战略，加快山西农谷建设，建好晋中国家农业高新技术产业示范区，举办“中国·太谷论坛”。推进雁门关农牧交错带示范区建设，打造全国优质草食畜生产基地，推进奶业大省建设。提升运城农产品出口平台功能，建设出口水果标准化示范园。启动大同肉类出口平台建设，做强“南果中粮北肉”出口平台，积极构建“东药材西干果”商贸平台。加快特色农业发展，完善有机旱作农业技术体系和标准体系，在各县（市、区）建立省级示范片，培育打造山西药茶、山西有机农产品等区域公用品牌。加快现代农业产业园区建设，促进农村一二三产业融合发展，培育壮大加工体验、中央厨房等新业态。健全农业社会化服务体系，深化农业托管试点，推进农村生产、供销、信用“三位一体”综合改革。抓好农田水利及高标准农田建设。全面落实“米袋子”省长负责制和“菜篮子”市长负责制，稳定粮食生产，加快恢复生猪生产，抓好重要农畜产品稳产保供。深入开展农村人居环境整治，实施乡村清洁行动，基本建成农村生活垃圾收运体系。抓好“三治融合”乡村治理体系建设试点示范。

27. 山西省实施乡村振兴战略要聚焦“六新”突破，“六新”指什么？

习近平总书记视察山西期间提出“大力加强科技创新，在新基建、新技术、新材料、新装备、新产品、新业态上不断取得突破。”“六新”突破为山西省实施乡村振兴战略、推动高质量转型发展指明了方向。

28. 山西省“三农”领域推进“六新”发展的总体思路是什么？

实施农业“特”“优”战略，聚焦有机旱作农业、三大省级战略、农产品精深加工十大产业集群等重大项目，聚力“卡脖子”技术、原创性技术、颠覆性技术、前沿性技术攻关，研发推广一批关键技术，尽快形成一批“晋”字头农业自主创新成果，着力实现农业农村“六新”取得重大突破，着力打造农业农村创新生态，实现“三农”高质量发展。

29. 山西省“三农”领域推进“六新”发展的具体目标是什么？

到2022年，在全面启动农业农村领域“六新”发展的基础上，重点实施一批“六新”项目、培育一批“六新”企业、支持一批“六新”研发机构，以药茶和杂粮为代表，率先在新技术研发应用、新产品开发、战略性产业上取得重点突破，力争把晋中农高区（山西农谷）、南果中粮北肉出口平台、国家现代农业产业园、省级现代农业产业示范区等，打造成引领农业农村领域“六新”发展的第一方阵。

到 2025 年，在全省农业农村领域，“六新”理念不断深植，“六新”项目不断推进，“六新”平台不断涌现，建成一批新基建项目，突破一批关键性技术，研制推广一批新材料，研发推广一批新装备，开发一批农产品精深加工新品系，培育一批农业农村新业态，形成“三农”领域“六新”成果持续突破，竞相迸发，农业农村转型发展形成雏形。

30. 山西省“三农”领域推进“六新”发展的重点任务是什么？

新基建布局包括农村 5G+ 乡村振兴、全省农业农村数据专题库、全省农业农村信息系统、天空地一体化观测体系、农业重点实验室等。

新技术研发推广包括农业农村信息化技术、现代种业技术、耕地质量提升与保育技术、农作物耕作栽培管理技术、农业资源高效利用技术、农作物病虫害防控技术、食（药）用菌产业技术、畜禽健康养殖技术、动物疫病防控技术、农业生态环境技术、农产品精深加工技术、乡村人居环境治理技术等。

新材料研发推广包括设施节能新材料、新型环保材料、生物质新材料等。

新装备引进研制包括农业智能机器人、农业机械化装备、设施农业装备、关键技术装备等。

新产品开发包括精深加工农产品、肥料、农药、生物制剂等。

新业态培育包括农村电商、休闲农业、创意农业、会展农业、众筹农业、托管农业、共享农业等。

31. 山西省现代农业产业技术体系实施的重点工作是什么？

一是新品种新技术的引进研发。各体系要强化对国家体系链条的衔接延伸，承接国家体系成果的引进、试验示范与推广应用，服务我省农业。要围绕山西农谷、雁门关农牧交错带、运城农产品出口平台“三大省级战略”，结合我省农业生产中的关键技术问题和农民的技术需求，在创新导向转变和服务重心调整上下功夫，提高新品种新技术引进研发的针对性和实用性。

二是产业技术对接服务。各体系要围绕有机旱作、城郊农业以及杂粮、畜牧、蔬菜、水果、中药材和酿造等产业集群，围绕决胜扶贫攻坚，把工作重点放在引进创新和县域产业发展服务等方面，着力开展农畜优良品种和集成技术的推广和技术服务，发挥体系的科技支撑和带动引领作用，加快农业科技创新与技术示范推广，带动贫困县脱贫和地方产业升级。每位专家年度开展产业对接服务 7 次以上。

三是新品种新技术的选用。开展年度新品种新技术的遴选工作，推荐绿色高效的农业生产模式，为农业生产提供指导。

四是科技培训工作。各体系要加强农业科技宣传和培训，充分利用媒体、网络、App 等平台和手段，加大农业科技的宣传普及。加强对基层农业科技人员、科技示范户、家庭农场、专业合作社、社会服务组织等开展各种形式的技术培训，充分发挥体系人才和智力优势，提升农业生产的科技水平，有效破解农业技术推广最后“1 公里”问题。每位专家开展年度科技培训 300 人次以上。

五是应对涉农突发事件。针对涉农灾害疫情，要求专家第一时间进入，了解实际情况，研究应对措施，为政府决策提供咨询服务和应急支撑；第一时间发声，说明实际情况，占领舆论制高点，营造“三农”发展的良好舆论氛围。

32. 山西省“三大省级战略”“五大平台建设”是什么？

山西省三大省级战略：高标准建设山西农谷、加快推进雁门关农牧交错带示范区建设、加快推进运城农产品出口平台建设。

五大平台建设：运城果业、忻州杂粮、大同肉类出口平台；依托东部太行山中药材、西部吕梁山干果的优势特色资源，以优良品种选育、基地建设、药食同源产品开发为重点，打造商贸平台。

33. 高标准建设山西农谷的主要任务是什么？

晋中国家农业高新技术产业示范区（山西农谷）建设，要围绕农业科技创新和深化农村改革“两面旗帜”，聚焦“十个突破”强力推动。

一要加快建设山西现代农创新高地、产业高地、人才高地、开放高地和农村改革先行区。

二要聚焦农业科技创新。把农业科技创新研发平台建设、团队人才引进培养、成果转化孵化、技术推广应用作为农高区建设的核心要义和关键任务。

三要大力培育市场主体。围绕农产品精深加工，大力培育和引进科技含量高、装备优良、科技先进、知识密集、要素完备的农业龙头企业、领军企业，打造产业集群，带动全省农业产业链培育和农户增收致富。

四要把巩固脱贫攻坚成果与奔小康、乡村振兴有机统一起来，精心培育，精准招商。

五要以山西农业大学和山西省农业科学院合署改革、太谷撤县设区改革为契机，推动“谷城院”融合、产学研贯通，努力营造一流创新生态，积极引进培育壮大企业产业，力争把山西农业大学（山西省农业科学院）

的人才留在农谷，建设农谷。

六要创新管委会体制。管委会由山西省政府派出，委托晋中市政府管理，落实“三化三制”，高起点、高标准、高要求推进规划、建设和管理。

七要加快融入太原都市区进程，通过基础设施联通、互通、贯通，强化太谷区的功能定位，充分发挥农谷在现代农业、都市区农业发展中的牵引作用。

八要推进农村改革，办好太谷论坛，搞活会展经济，不断有新进展、新进步、新成果。通过打造一流“农高区”，推动“谷城院”融合发展，贯通产学研，深化农业农村改革，增强辐射力和带动力，实施好“特”“优”战略，在引领农业农村现代化中开创事业发展新天地。

34. 加快推进雁门关农牧交错带示范区建设的主要内容是什么？

要围绕把雁门关区域打造成为全国北方农牧交错带样板区目标，做强以草牧业为主的特色主导产业。加强草食畜标准化养殖场建设。积极推广畜牧良种化、养殖设施化、生产规范化、防疫制度化、粪污无害化的标准化生产技术，在朔州、大同地区培育高产奶牛核心群，发展50个草畜一体化示范牧场。加大饲草发展力度。扩大粮改饲试点，支持朔州、大同再建15万亩优质牧草基地。加强产业园区建设。加快大同肉业和果蔬、朔州奶牛和肉羊、吕梁肉牛等产业集聚区建设。

35. 雁门关农牧交错带示范区建设的“六大工程”是什么？

重点实施粮食面积稳定工程、特色产业培育工程、饲草饲料发展工程、畜牧产业提升工程、生态安全保护工程及社会化服务体系建设工程等六大工程。

36. 加快推进运城农产品出口平台建设的主要内容是什么？

要建成 20 个出口水果标准化示范园区，新培育 10 个出口水果企业或合作社，试点建成运城水果出口产业园区。加快推进运城优势农产品出口检疫检验服务平台运行。

37. 山西省农产品精深加工十大产业集群是什么？

按照全产业链开发、全价值链提升、全政策链扶持的思路，以拳头产品为内核，以骨干企业为龙头，以园区建设为载体，以三大省级战略为依托，以标准和品牌为引领，以现代农业科技为支撑，打造酿品、饮品（药茶）、乳品、主食糕品、肉制品、果品、功能食品、保健品、化妆品、中医药品十个特色鲜明、结构合理、链条完整的农产品精深加工十大产业集群。

38. 山西省建设秸秆综合利用重点县有哪些？

遴选绛县、襄汾县、乡宁县、和顺县、阳高县、壶关县、神池县、代县、孝义市等 9 个县（市），作为国家秸秆综合利用重点县，整县推进秸秆综合利用试点，打造全省秸秆综合利用的“样板县”。

第二章　产业振兴

产业兴才能乡村兴，经济强才能人气旺。以深化农业供给侧结构性改革为主线，加快构建现代农业产业体系、生产体系、经营体系，推进农业由增产导向转向提质导向，必将不断提高农业创新力、竞争力和全要素生产率，加快实现由农业大国向农业强国转变。

39. 如何理解产业振兴是乡村振兴的基础?

产业是发展的根基，只有产业振兴，才能增强乡村吸引力，促进各类生产要素向乡村聚集。推进乡村振兴，要打牢夯实产业振兴这个基础。

产业兴才能乡村兴，经济强才能人气旺。以深化农业供给侧结构性改革为主线，加快构建现代农业产业体系、生产体系、经营体系，推进农业由增产导向转向提质导向，必将不断提高农业创新力、竞争力和全要素生产率，加快实现由农业大国向农业强国的转变。

构建现代农业生产体系，实现产业兴旺，要以深化农业供给侧结构性改革为主线，其中坚持质量兴农是重要要求。构建现代农业经营体系，在实现农业现代化的过程中，发展规模经营、培育新型农业经营主体是重要环节。构建现代农业产业体系，推进农村一二三产业融合发展，是拓宽农民增收渠道、构建现代农业产业体系的重要举措。

40. 如何加快构建现代农业三大体系?

党的十九大报告指出，要构建现代农业产业体系、生产体系、经营体系。构建现代农业产业体系、生产体系、经营体系，是推进农业农村现代化的重要支撑，也是实施乡村振兴战略的重要抓手。

构建现代农业产业体系。就是要在稳定粮食生产能力、确保国家粮食安全特别是口粮绝对安全基础上，积极调整农业生产结构，发展壮大新产业、新业态，打造农业全产业链，促进种植业、林业、畜牧业、渔业、农产品加工流通业、农业服务业转型升级和融合发展，提高农业产业的整体竞争力。党的十九大报告指出，一方面，完善农业支持保护制度，主要是改革完善财政补贴政策，深化粮食收储制度和价格形成机制改革，完善农村金融保险政策和农产品贸易调控政策，保护和调动农民积极性，促进农业产业健康发展；另一方面，促进农村一、二、三产业融合发展，主要是调整优化农业产品结构、产业结构和布局结构，挖掘农业的生态价值、休闲价值、文化价值，加快发展乡村旅游等现代特色产业，延长产业链、提升价值链，实现一产强、二产优、三产活，推动粮经饲统筹、农牧渔结合、种养加一体融合发展。同时，应优化农业重点产业区域布局，充分发挥各地比较优势，因地制宜发展适应性农业，大力推进农业产业化经营，形成产业集群，提高农业综合效益。

构建现代农业生产体系。主要是用现代物质装备武装农业，用现代科学技术服务农业，用现代生产方式改造农业，推进农业科技创新和成果应用，提高农业良种化、机械化、科技化、信息化、标准化水平，增强农业综合生产能力和抗风险能力。构建现代农业生产体系，一是持续加强农田基本建设，深入实施藏粮于地、藏粮于技战略，保护优化粮食产能，加强水利特别是农田水利建设，大规模推进土地整治、中低产田改造和高标准农田建设，全面提高农业发展的物质技术支撑水平。二是推动农业科技创新，大力发展现代种业，推进农业信息化，加快建立现代农业产业科技创新体系，加强关键技术科研攻关，推进成果转化和技术推广。三是推进农业标准化生产，实施农业标准化战略，突出优质、安全、绿色导向，健全农产品质量和食品安全标准体系，从源头上保障农产品质量安全。四是大力发展生态循环农业，开展农业清洁生产，控制农业用水总量，减少化肥农药使用量，实现畜禽粪便、农膜、秸秆基本资源化利用。

构建现代农业经营体系。主要是大力培育新型职业农民和新型经营主体，健全农业社会化服务体系，提高农业经营集约化、组织化、规模化、社会化、产业化水平。党的十九大报告指出，发展多种形式适度规模经营，培育新型农业经营主体，健全农业社会化服务体系，实现小农户和现代农业发展有机衔接。构建现代农业经营体系，一是大力发展多种形式的规模适度经营，推进农村土地承包经营权确权登记颁证，强化土地承包经营权纠纷调解仲裁，发展土地流转、土地托管、土地入股等多种形式的适度规模经营。二是积极培育新型职业农民和新型农业经营主体，积极发展农业职业教育，健全职业农民扶持制度，引导和支持种养大户、家庭农场、农民合作社、龙头企业等发展壮大，并使其逐步成为发展现代农业的主导力量。三是健全农业社会化服务体系，大力发展农业产前、产中、产后服务业，积极开展病虫害统防统治、农机承包作业、养殖业粪污专业化处理等服务，支持开展粮食烘干、农机场库棚、仓储物流等配套设施服务，鼓励发展“家庭农场 + 社会化服务”的经营模式，积极实现小农户和现代农业发展有机衔接。

产业体系、生产体系、经营体系是构建现代农业的“三大支柱”。现代农业生产体系重在提升农业生产力，现代农业经营体系重在完善农业生产关系，二者又共同支撑现代农业产业体系的发展，体现了现代农业生产力和生产关系的相互作用、有机融合，体现了现代农业的丰富内涵和核心支撑。

41. 为什么要加快培育农民合作社、家庭农场等新型农业经营主体？

习近平总书记在十九届中央政治局第八次集体学习时指出：“当前和今后一个时期，要突出抓好农民合作社和家庭农场两类农业经营主体发展，赋予双层经营体制新的内涵，不断提高农业经营效率。”习近平总书记这一高瞻远瞩的讲话，指明了新时代、新发展阶段我国农业经营体制改革完善的方向。

改革开放 40 多年来，我们党始终把坚持和完善农村基本经营制度作为“三农”政策的基石，坚持稳定土地承包关系，坚持家庭经营的基础性地位，通过不断完善相关法律法规，保障农民对承包地占有、使用、收益、流转和承包经营权抵押、担保权能。实践充分证明，双层经营体制有效契合我国国情和农业生产特点，把农民利益同国家、集体利益较好地结合起来，调动了广大农民生产积极性和创造性，提高了农业生产效率，必须长期坚持。但也要看到，双层经营体制在“统”和“分”两个层面都存在不适应现代农业发展的问题。从“分”的层面看，全国农村户均占有耕地面积仅 10.5 亩，农业经营规模小、农地细碎化的问题突出，限制了农业效率和竞争力的提升，也制约了现代农业的发展。从“统”的层面看，农村集体经济薄弱，且内部治理机制不完善，难以承担起统一经营的职能，以致出现双层经营“一条腿长、一条腿短”的问题，致使家庭经营的风险和成本难以有效降低，同时也制约了农村集体经济发展和公平目标的实现。

经过多年的实践探索，人们逐渐认识到，家庭农场和农民合作社这两类经营主体，可以成为完善双层经营体制的有效载体。具体来看，在“分”的层面，小农户同在小农户基础上发展起来的家庭农场并存，家庭农场代表着发展方向，并将逐渐居于主导地位。依靠家庭农场，各地逐步发展起同农业劳动力转移步伐相适应的适度规模经营。在“统”的层面，以家庭农场为基础组建起来的农民合作社及其兴办的社有企业，同各类农业产业化龙头企业等社会化服务组织并存，农民合作社代表着统一经营的发展方向，并逐渐居于主导地位。农民合作社构建了一种劳动者集体占有支配生产资料的组织形式，是市场经济条件下农村集体经济新的实现形式和运行方式。依托发展这两类农业经营主体，赋予双层经营体制新的内涵，是在继承和发展现行农业经营体制基础上的重大变革。

培育家庭农场、发展适度规模经营，是建设现代农业的前进方向和必由之路。在这个过程中，如何把握好家庭农场经营规模的“度”是一个重要的政策取向。经营规模太小，实现不了规模效益，不利于农业集约化生产；经营规模过大，超越了家庭的经营能力，也不利于公平目标的实现。从近年来一些地方的成功做法看，把握家庭农场经营规模“度”的下限，是保证让家庭农场能获得同非农就业相当的农业收入；上限是家庭成员的经营能力。需要逐步加大对家庭农场的支持，建立完善支持家庭农场发展的政策体系。

发展家庭农场，还需要处理好同小农户的关系。我国小农经济有几千年历史，“大国小农”是我国的基本国情和农情。家庭农场的发育是一个长期的过程，对此需要有历史耐心，更需要尊重农民意愿。一方面，需要积极创造条件，加快农业转移人口市民化步伐，拓宽进城落户农民自愿有偿转让农村土地权益的渠道，引导更多农民实现“离土又离乡”，从而为家庭农场发展创造条件；另一方面，需要正视现阶段小农生产在稳定农业生产、解决农民就业增收、传承农耕文明、促进农村社会和谐等方面所具有的不可替代的作用，坚持从实际出发，坚持家庭经营规模宜大则大、宜小则小，不搞一刀切。同时还需要注重发挥农民合作社等新型农业经营主体的带动作用，提升小农户组织化程度，改善小农户生产设施条件、提升小农户抗风险能力，把小农生产引入现代农业发展轨道。

42. 如何完善农产品质量监管追溯制度，确保人民“舌尖上的安全”？

完善农产品质量相关体系。主要包括完善农产品质量安全标准体系，完善农产品质量安全监管体系，完善农产品质量分级及产地准出、市场准入制度。

建立健全农产品质量安全风险评估、监测预警和应急处置机制。主要包括强化农产品质量安全风险评估，强化检验监测预警，强化应急处置。

完善农产品质量安全监管追溯系统。主要包括推进平台建设，出台农产品质量安全追溯管理办法，推动智慧监管，落实生产经营者主体责任，强化农产品生产经营者的质量安全意识。

建立农资和农产品生产企业信用信息系统。主要包括深入推进信用信息系统建设，完善信用信息记录，引导农资和农产品生产经营主体成立行业协会，健全组织体系和治理结构，努力营造诚信守法的良好氛围。

43. 如何打造高质量农产品品牌成长环境?

农业品牌建设既是农业高质量发展的重要引领，也是农业高质量发展的重要标志。农业高质量发展必须以品牌建设为引领，从顶层设计到各个环节系统地部署推动，最终将资源优势转化为产业优势和市场优势。实施农业品牌提升行动，需要加快形成以区域公用品牌、企业品牌、大宗农产品品牌、特色农产品品牌为核心的农业品牌格局，推进区域农产品公共品牌建设，加强品牌宣传推动品牌市场营销，构建我国农产品品牌保护体系，建立区域公用品牌的授权使用机制以及品牌危机预警、风险规避和紧急事件应对机制。

44. 如何壮大新型农业经营主体?

我国新型农业经营主体正处于成长的关键期，鼓励通过多种形式开展适度规模经营，不断壮大农林产业化龙头企业，鼓励发展农民专业合作社联合社，引导工商资本下乡。

45. 如何发展新型农村集体经济?

推进农村集体资产股份合作制改革，推动资源变资产、资金变股金、农民变股东。探索多种有效路径，盘活农村集体经济，可以是资产租赁型、生产服务型，也可以是企业股份型、联合发展型等多种形式。全面开展农村集体资产清产核资，明确产权归属，赋予农民更充分的财产权利。加大对集体经济的政策扶持，整合有关项目和资金，向村级集体经济项目倾斜，重点向经济薄弱村集体经济项目倾斜。提供人才支持和组织保障。

46. 如何不断壮大农业产业化龙头企业?

充分发挥农业龙头企业的引领示范作用，通过实施财税、金融、人才等配套措施，优先突出扶持培育一批和引进一批起点高、规模大的龙头企业，建立“龙头企业＋基地＋合作社＋农户”的模式。

因地制宜、因业制宜，通过政策扶持和资金补助使当地优势强、收益高、见效快、市场需求量较大的农产品得到长足发展，在农产品空间布局上逐渐向某一地区集中，形成具有区域特色的主导产品和支柱产业，不断增加名特优新品，形成产业类型多头并举的产业结构。

支持龙头企业引进先进的生产加工设备，开展技术创新，重点引进改造升级育种、生产、加工、包装、储藏、流通等关键设施装备，提升农产品加工能力。

围绕主导产业，加强基地建设。健全土地承包经营权流转市场，支持龙头企业依法合理流转土地，允许打破行政区域，优化产业布局，提高生产规模化水平。

47. 农业科技成果转化资金的支持对象和支持方式有哪些?

农业科技成果转化资金的支持对象主要为农业科技型企业。根据农业科技成果转化项目和项目承担单位的特点，转化资金分别以贷款贴息、无偿资助、资本金注入方式给予支持。

对已具备一定产业化能力，具有市场前景，有望形成一定规模、取得一定效益，并已落实银行贷款的转化资金项目，采取贷款贴息方式给予支持。

对具有较大社会和生态效益，或不易直接取得市场回报的农业科技成果转化项目，采取无偿资助方式给予支持。

有较高科技水平和后续创新能力，对农业和农村经济结构调整及行业技术进步有较大促进作用，有望形成新兴产业的项目，采取资本金注入方式给予支持。

48. 如何合理利用一定的财政收入来实现高效支农？

加大财政对农业的投入力度。确保财政支农投入稳定增长，合理划分中央和地方政府财政在农业和农村发展中的事权，理顺农业投入管理体制，提高投入效率。

建立多元化农业投入体系。充分发挥财政支持和导向功能；深化农村金融体制改革，使农业信贷增长率高于各项贷款平均增长速度，增加对农田水利等基础设施建设的中长期信贷投入；政府可以通过担保、政策优惠等方式，按照“谁投资，谁受益”的原则，积极引导农村集体经济组织和广大农民增加投入，继续实行以工补农、以工建农；优化农业发展环境，积极开展招商引资。

优化财政支农资金结构，提高政府财政支农效率。加强农业基础设施和生态工程建设，提高农业综合生产能力和可持续发展能力；注重对农业科技研究、引进和推广的投入；增加对教育等公共事业的投资，促进农村社会事业全面发展；加快农产品质量标准、检验检测和认证体系建设。

完善我国农业补贴政策，建立有效的农业支持机制。增加对农民和优势农产品生产的直接补贴，调动农民的生产积极性；着眼于我国农业整体素质和国际竞争力的提高，加大“绿箱政策”支持力度；建立有效的“黄箱政策”保护机制，构建农民收入安全网；建立农业灾害保障机制。

49. 如何确保“有人种粮，有人收粮，有钱收粮，有人管粮”？

落实粮食补贴政策，确保“有人种粮”。构建粮食优势主产区，稳定粮食生产能力；建立“优质优补”粮食补贴机制，保障种粮农民合理收益；加强粮食生产保险工作，创新粮食收入保险。

鼓励多元主体入市收购，确保“有人收粮”。发挥国有粮食企业的主导作用；积极引导多元市场主体入市收购；优化粮食仓储资源配置，做到“有仓收粮”；大力发展粮食产业经济，促进全产业链发展。

建立粮食市场化收购信贷资金保障机制，确保“有钱收粮”。发挥中国农业发展银行保障粮食收购贷款供应主渠道作用；严格落实粮食收购贷款利息补贴制度；推动建立粮食收购多元化融资机制。

加强粮食宏观调控，确保“有人管粮”。严格落实粮食安全县长责任制；加快信息化建设，提升市场信息服务水平；压实粮食流通属地监管责任；严格执行粮食经营、加工企业最低、最高库存制度，鼓励企业保持合理商品库存。

50. 怎样解决农业风险保障问题？

党的十九大报告明确提出，要坚持农业农村优先发展。实现乡村振兴首先要解决农业风险保障问题，建立以农业保险为主体，以灾害救助为辅助，以风险预警、干预、教育等风险管理方式为补充的农业风险管理体系，是促进农业生产持续稳定发展和农民收入保持稳定增长的重要举措。

完善农业保险制度。调整和明确政府职能，真正发挥市场的资源配置作用。搭建以产品和经营模式创新为主的农业保险创新体系。重视农业保险创新型人才的培养。

建立农业风险管理体系。形成以农产品分类为基础的多层次农业风险管理体系，分类推进价格支持政策的市场取向改革，在农业组织和期货市场两方面加大改革力度。

51. 如何通过促进产业融合来增强乡村产业聚集力？

培育多元融合主体。支持农业产业化龙头企业发展，引导其向粮食主产区和特色农产品优势区集聚。启动家庭农场培育计划，开展农民合作社规范提升行动。鼓励发展农业产业化龙头企业带动、农民合作社和家庭农场跟进、小农户参与的农业产业化联合体。支持发展县域范围内产业关联度高、辐射带动力强、多种主体参与的融合模式，实现优势互补、风险共担、利益共享。

发展多类型融合业态。跨界配置农业和现代产业要素，促进产业深度交叉融合，形成“农业＋”多业态发展态势。推进规模种植与林、牧、渔融合，发展稻渔共生、林下种养等。推进农业与加工流通业融合，发展中央厨房、直供直销、会员农业等。推进农业与文化、旅游、教育、康养等产业融合，发展创意农业、功能农业等。推进农业与信息产业融合，发展数字农业、智慧农业等。

打造产业融合载体。立足县域资源禀赋，突出主导产业，建设一批现代农业产业园和农业产业强镇，创建一批农村产业融合发展示范园，形成多主体参与、多要素聚集、多业态发展格局。

构建利益联结机制。引导农业企业与小农户建立契约型、分红型、股权型等合作方式，把利益分配重点向产业链上游倾斜，促进农民持续增收。完善农业股份合作制企业利润分配机制，推广“订单收购＋分红”“农民入股＋保底收益＋按股分红”等模式。开展土地经营权入股从事农业产业化经营试点。

52. 怎样实现农村一二三产业融合发展?

着力推进新型城镇化。将农村产业融合发展与新型城镇化建设有机结合，引导农村二三产业向县城、重点乡镇及产业园区等集中。

加快农业结构调整。以农牧结合、农林结合、循环发展为导向，调整优化农业种植养殖结构，加快发展绿色农业。

延伸农业产业链。通过农产品精深加工、冷链物流体系、优势产区批发市场建设等方式，实现农副产业与市场流通、存储的有机衔接，促进“农业 + 加工业”“农业 + 服务业”融合。

拓展农业多种功能。推进农业与旅游、教育、文化、健康养老等产业深度融合。实现农业从生产向生态、生活功能拓展，大力发展休闲农业、乡村旅游、创意农业、农耕体验以及乡村手工艺等，使之成为繁荣农村、富裕农民的新兴支柱产业。

大力发展农业新型业态。发展农村新型创意业态，包括休闲观光、体验农业、养生养老、创意农业等旅游业态，优质林果、设施蔬菜、草食畜牧、中药材种植等特色业态，农村电商、农产品定制等“互联网 +”新业态，促进“加工业 + 服务业”“农业 + 加工业 + 服务业”融合，实现一二三产业融合发展。

引导产业集聚发展。加强农村产业融合发展与城乡规划、土地利用总体规划有效衔接，完善县域产业空间布局和功能定位。

53. 什么是主食产业化?

主食产业化，是指按照一定的规范和标准，以现代科学技术成果提升传统食品工艺；用机械化、标准化、规模化生产，代替散乱的手工加工；设计和引入现代营销理念，构建从农业种植到居民饮食消费的全产业链体系，创造新型的现代主食产业。

54. 如何提高农业质量效益和竞争力？

提高农业质量效益和竞争力，是我国转入高质量发展阶段的内在要求，是保障重要农产品安全的战略举措，是推动乡村产业振兴的重要途径，也是推进农业农村现代化的重要任务。可从以下 5 个方面认识和把握。

第一，健全农业支持保护制度。农业既是安天下、稳民心的基础产业，又是关乎百姓饭碗和亿万农民生计的民生产业。农业与第二、第三产业最大的不同之处就在于，它经常会遭受自然风险与市场风险双重冲击。受到国情农情的客观制约，完全靠市场调节是不够的，还需要政府的支持和保护。“十四五”时期，以保障国家粮食安全为底线，围绕农业高质量发展和绿色发展导向，统筹考虑保供给、促增收和适应世界贸易组织规则要求，深化农产品价格形成机制和收储制度改革，优化农业补贴制度，完善粮食主产区利益补偿机制，加快形成覆盖全面、指向明确、重点突出、措施配套、操作简便的农业支持保护政策体系。

第二，深入实施“藏粮于地、藏粮于技”战略。发展现代农业，根本在耕地、命脉在水利、出路在科技。我国人多地少，耕地是极为宝贵的稀缺资源，需要坚持最严格的耕地保护制度，既保耕地数量，又保耕地质量，坚决守住耕地保护红线。水旱灾害仍然是我国农业丰产丰收的重大威胁，需要加大农业水利设施建设力度，提高水资源利用效率和抵御自然灾害能力。实施高标准农田建设工程是提高我国农业综合生产能力的重大举措，需要完善标准、创新方式、加强管理，健全核查追溯机制，确保建一块成一块，真正建成集中连片、设施配套、高产稳产、生态良好、抗灾能力强、与现代农业生产和经营方式相适应的高标准农田。农业要向科技要产能、要质量、要效益，健全农业科技创新和技术推广体系，实施现代种业提升工程，提高农业良种化水平，加快推进农业机械化向全程全面高质高效升级，推动建设智慧农业，加快物联网、大数据、区块链、人工智能等现代信息技术在农业领域的集成应用，切实把农业发展转到依靠科技创新和劳动者素质提高的轨道上来。近年来，非洲猪瘟、禽流感、草地贪夜蛾等给农业健康发展带来重大威胁，需要健全动物防疫和农作物病虫害防治体系，抓好防控工作。

第三，推动农业供给侧结构性改革。我国转向高质量发展阶段，需要适应人民群众高品质生活新需求，推动农产品供给在确保“有”的基础上向“好”转变，着力构建现代农业产业体系、生产体系、经营体系，走产出高效、产品安全、资源节约、环境友好的农业现代化道路。建设农业现代化示范区是推动我国农业转型升级的重要抓手，许多地方已经抓出了成效，在“十四五”时期需要强化绿色导向、标准引领和质量安全监管，推动示范区建设扩面提质增效，打造引领农业农村现代化建设的排头兵。农业对自然资源和生态环境高度依赖，只有坚持因地制宜、适地而种，才能顺应自然规律和经济规律。这就要求优化农业生产结构和区域布局，加强粮食生产功能区、重要农产品生产保护区和特色农产品优势区建设，推动形成主导产业集聚、扶持政策集成、强县富民统一的农业发展格局。

第四，保障重要农产品供给安全。我国农业的首要任务是保吃饭、保供给。当前和今后一个时期，国际环境错综复杂，我国农业面临的自然风险和生物风险加大，保障重要农产品供给安全格外紧要。需要实施重要农产品保障战略，通过增加供给总量、优化供给结构、拓展供给来源、提高供给质量，构建科学合理、安全高效的重要农产品供给体系，保障粮、棉、油、糖、肉等重要农产品供给安全，提升收储调控能力，开展粮食节约行动，确保中国人的饭碗始终牢牢端在自己手上。

第五，推动农村一二三产业融合发展。当前和今后一个时期，农民增收面临许多新挑战，任务艰巨。增加农民收入需要丰富乡村经济业态，全方位拓展农民增收空间，围绕发展县域经济，用全产业链开发的思维，将发展特色农业与农产品加工、乡村旅游、农村电商等统筹布局、一体发展，通过以工补农、以商补农、以游补农，带动更多农民参与受益。

55. 如何发展富民乡村产业?

实现乡村全面振兴，根基在富民乡村产业发展。没有产业的兴旺，就没有坚实的物质基础，乡村就会成为“空心村”，乡镇就会唱“空城计”，乡村振兴就是“空中楼阁”。

一是支持各地立足资源优势打造各具特色的农业全产业链，建立健全农民分享产业链增值收益机制，形成有竞争力的产业集群，推动农村一二三产业融合发展。

二是加快建设国家、省、市、县现代农业产业园，支持农村产业融合发展示范园建设，办好农村“双创”基地。

三是重点培育家庭农场、农民合作社等新型农业经营主体，培育农业产业化联合体，通过订单农业、入股分红、托管服务等方式，将小农户融入农业产业链。

四是持续调整优化农业结构，加强绿色食品、有机农产品、地理标志农产品认证和管理，打造地方知名农产品品牌，增加优质绿色农产品供给。

五是有效开发农村市场，扩大电子商务进农村覆盖面，支持供销合作社、邮政快递企业等延伸乡村物流服务网络，加强村级电商服务站点建设，推动农产品进城、工业品下乡双向流通。

六是强化全过程农产品质量安全和食品安全监管，建立健全追溯体系，确保人民群众“舌尖上的安全”。

七是引导和鼓励工商资本下乡，切实保护好企业家合法权益。

八是制定农业及相关产业统计分类并加强统计核算，全面准确反映农业生产、加工、物流、营销、服务等全产业链价值。

56. 我国新型农业生产经营主体有哪几种？

专业大户。主要从事某种单一的农产品的初级生产，其规模大于分散经营农户的生产规模，而且专业化程度较高。区分其与一般散户的标准，主要有两个维度，即规模和专业化。

家庭农场。是以家庭成员为生产主体的企业化经营单位，具有法人性质，和专业大户相比，虽然也是以家庭为单位，但是其产业链较长，集约化、专业化程度较高，并非简单地从事初级的农业生产。这种模式集专业化的农产品生产、加工、流通、销售为一体，可以涵盖一二三产业。

农民合作社。即农户之间通过土地、劳动力、资金、技术或者其他生产资料，采取一定合作方式的经营联合体。这种模式是一种互助性质的农业生产经营组织，其规模更大，专业化水平更高，与市场的结合程度也更高，是农民自愿组织起来的联合经营体。

龙头企业。龙头企业与农户的合作社模式主要有“企业 + 基地 + 农户”“企业 + 专业合作社 + 基地 + 农户”等，在实现自身发展的同时，也能带动农户的发展，甚至带动一个区域特色农产品的发展，效率远远高出前三种新型经营主体。

57. 什么是农业社会化服务体系？

农业社会化服务体系，是指与农业相关的经济组织为满足农业生产发展的需要，为直接从事农业生产的经营主体提供各种服务而构成的一个网络体系。从本质上来说，农业社会化服务体系，就是农业的分工体系和市场体系。

58. 品牌农业的五个主要特征是什么？

品牌农业有五个重要特征，即“五化”，包括生态化、价值化、标准化、产业化、资本化。

生态化。即按照尊重自然、循环发展的理念，从事农产品的培育和生产，加工和销售安全、健康、优质的农副产品。生态化是品牌农业的心脏。

价值化。即引入品牌营销模式，通过品牌定位、产品创新、品牌（产品）形象设计以及传播推广等手段，提升产品附加值，实现增收增效和可持续发展。价值化是品牌农业的脸面。

标准化。即引入现代经营管理理念和手段，对农业经营组织的种养、加工过程和环节，进行规范化、系统化改造和建设，改变传统农业经营的粗放、随意和人为性，形成可量化、可控制和可复制的标准。标准化是品牌农业的血液。

产业化。即实现作为第一产业的农业与第二产业、第三产业高度融合及产业整合，形成完整的农业产业链，进行良性联动和互动。“公司＋基地”“公司＋合作社＋农户”“农户＋合作社＋超市”“农村＋金融”“农场＋家庭”“鼠标＋家庭”都是“从田间到餐桌”的产业化形式。产业化是品牌农业的肢体。

资本化。即根据农业投资风险大、利润回报低、投资周期长、市场前景广的产业特点，积极主动先期导入现代投资和资本运营理念、模式和路径，用资本的杠杆和力量撬动、助推现代农业的跨越式发展。

59. 实施乡村振兴战略中的“两区”指什么？

“两区”是指粮食生产功能区和重要农产品生产保护区，包括稻谷、小麦、玉米三大谷物粮食生产功能区和大豆、棉花、油菜籽、糖料蔗、天然橡胶五类重要农产品生产保护区。

60. 如何突出乡村产业的特色？

做强现代种养业。创新产业组织方式，推动种养业向规模化、标准化、品牌化和绿色化方向发展，延伸拓展产业链，增加绿色优质产品供给，不断提高质量效益和竞争力。巩固提升粮食产能，全面落实永久基本农田特殊保护制度，加强高标准农田建设，加快划定粮食生产功能区和重要农产品生产保护区。加强生猪等畜禽产能建设，提升动物疫病防控能力，推进奶业振兴和渔业转型升级。发展经济林和林下经济。

做精乡土特色产业。因地制宜发展小宗类、多样性特色种养，加强地方品种种质资源保护和开发。建设特色农产品优势区，推进特色农产品基地建设。支持建设规范化乡村工厂、生产车间，发展特色食品、制造、手工业和绿色建筑建材等乡土产业。充分挖掘农村各类非物质文化遗产资源，保护传统工艺，促进乡村特色文化产业发展。

提升农产品加工流通业。支持粮食主产区和特色农产品优势区发展农产品加工业，建设一批农产品精深加工基地和加工强县。鼓励农民合作社和家庭农场发展农产品初加工，建设一批专业村镇。统筹农产品产地、集散地、销售地批发市场建设，加强农产品物流骨干网络和冷链物流体系建设。

优化乡村休闲旅游业。实施休闲农业和乡村旅游精品工程，建设一批设施完备、功能多样的休闲观光园区、乡村民宿、森林人家和康养基地，培育一批美丽休闲乡村、乡村旅游重点村，建设一批休闲农业示范县。

培育乡村新型服务业。支持供销、邮政、农业服务公司、农民合作社等开展农资供应、土地托管、代耕代种、统防统治、烘干收储等农业生产性服务业。改造农村传统小商业、小门店、小集市等，发展批发零售、养老托幼、环境卫生等农村服务业。

发展乡村信息产业。深入推进“互联网+”现代农业，加快重要农产品全产业链大数据建设，加强国家数字农业农村系统建设。全面推进信息进村入户，实施“互联网+”农产品出村进城工程。推动农村电子商务公共服务中心和快递物流园区发展。

61. 为什么农业产业化是解决“三农”问题的有效途径?

随着农业产业化的发展，农产品生产、加工、运输、仓储、销售等环节将逐步配套，农业的产业深度和广度将得到更大的开发，农业产业化发展所带来的生产能力的扩大和生产领域的扩展必将有利于吸收更多的农业劳动力就业，有利于农村劳动力的分流和就地转化。同时，通过土地制度创新，农业产业化能够有效整合分散的土地资源，发挥农业的规模优势，提高农业专业化水平和技术水平。通过“农超对接”“订单农业”等形式，将一二三产业融为一体，为企业提供可靠的农产品原料供应，为农民提供农产品销售渠道，实现规模经营和多层次加工，提高农产品附加值，降低企业和农民的经营风险，形成经济利益共同体，增加农民收入，提高农村的可持续发展能力。

62. 农业产业化对新农村建设的重要意义是什么?

从生产经营方式来说，农业产业化使原来的粗放利用土地和资源的分散经营变为集约利用资源的规模化经营。大型机械和先进种植技术的应用以及管理水平的提高带来了农业的产业革命。规范的农产品生产模式将吸引更多的生产和销售服务部门进入，延长农业产业链条，加速农业生产的工业化进程。

从社会分工来说，最直接的结果就是转变农民的身份，由原来的农业从业者转变为现代农业产业工人，既能够享受土地租赁等资源性收入，又能够通过投入劳动获得工资性收入，其收入增长机制将得到建立和完善。

从村居管理来说，随着农业的产业化发展，农村和农民收入的不断提高，社会公共事业的投入进一步加大，社会服务功能也将极大地完善，住房、教育、医疗、养老服务将打破城乡“二元结构”的困境，原有的农村管理模式也逐步向城市社区管理转变，农村将与城市一起分享发展成果。

63. 如何守好粮食安全底线?

坚决守住 18 亿亩耕地红线，采取“长牙齿”的措施，落实最严格的耕地保护制度。坚持农业科技自立自强，加快推动农业关键核心技术攻关，打好种业翻身战。调动农民种粮积极性，稳定和加强种粮农民补贴，提升收储调控能力，坚持完善最低收购价政策，扩大完全成本和收入保险范围。深入推进农业供给侧结构性改革，推进品种培优、品质提升、品牌打造和标准化生产。地方各级党委和政府要扛起粮食安全的政治责任，实行粮食安全党政同责，完善粮食安全省长责任制和“菜篮子”市长负责制。

64. 如何加快农业结构调整?

以农牧结合、农林结合、循环发展为导向，调整优化农业种植养殖结构，加快发展绿色农业。建设现代饲草料产业体系，推广优质饲草料种植，促进粮食作物、经济作物、饲草料作物三元种植结构协调发展。大力发展种养结合循环农业，合理布局规模化养殖场。加强海洋牧场建设。积极发展林下经济，推进农林复合经营。推广适合精深加工、休闲采摘的作物新品种。加强农业标准体系建设，严格生产全过程管理。

65. 如何延伸农业产业链？

发展农业生产性服务业，鼓励开展代耕代种代收、大田托管、统防统治、烘干储藏等市场化和专业化服务。完善农产品产地初加工补助政策，扩大实施区域和品种范围，初加工用电享受农用电政策。加强政策引导，支持农产品深加工发展，促进其向优势产区和关键物流节点集中，加快消化粮、棉、油库存。支持农村特色加工业发展。加快农产品冷链物流体系建设，支持优势产区产地批发市场建设，推进市场流通体系与储运加工布局有机衔接。在各省（区、市）年度建设用地指标中单列一定比例，专门用于新型农业经营主体进行农产品加工、仓储物流、产地批发市场等辅助设施建设。健全农产品产地营销体系，推广农超、农企等形式的产销对接，鼓励在城市社区设立鲜活农产品直销网点。

66. 如何拓展农业多种功能？

加强统筹规划，推进农业与旅游、教育、文化、健康养老等产业深度融合。积极发展多种形式的农家乐，提升管理水平和服务质量。建设一批具有历史、地域、民族特点的特色旅游村镇和乡村旅游示范村，有序发展新型乡村旅游休闲产品。鼓励有条件的地区发展智慧乡村游，提高在线营销能力。加强农村传统文化保护，合理开发农业文化遗产，大力推进农耕文化教育进校园，统筹利用现有资源建设农业教育和社会实践基地，引导公众特别是中小学生参与农业科普和农事体验。

67. 怎样发展农业新型业态？

大力发展农业新型业态。实施“互联网 + 现代农业”行动，推进现代信息技术应用于农业生产、经营、管理和服务，鼓励对大田种植、畜禽养殖、渔业生产等进行物联网改造。采用大数据、云计算等技术，改进监测统计、分析预警、信息发布等手段，健全农业信息监测预警体系。大力发展农产品电子商务，完善配送及综合服务网络。推动科技、人文等元素融入农业，发展农田艺术景观、阳台农艺等创意农业。鼓励在大城市郊区发展工厂化、立体化等高科技农业，提高本地鲜活农产品供应保障能力。鼓励发展农业生产租赁业务，积极探索农产品个性化定制服务、会展农业、农业众筹等新型业态。

68. 怎样引导农业产业集聚发展？

加强农村产业融合发展与城乡规划、土地利用总体规划有效衔接，完善县域产业空间布局和功能定位。通过农村闲置宅基地整理、土地整治等新增的耕地和建设用地，优先用于农村产业融合发展。创建农业产业化示范基地和现代农业示范区，完善配套服务体系，形成农产品集散中心、物流配送中心和展销中心。扶持发展一乡（县）一业、一村一品，加快培育乡村手工艺品和农村土特产品品牌，推进农产品品牌建设。依托国家农业科技园区、农业科研院校和“星创天地”，培育农业科技创新应用企业集群。

69. 什么是农业综合生产能力的“四个转变、四个提升”？

加快以数量为主向量质并重的高效型农业转变，提升产业发展效能；加快粗放经营向绿色引领的循环型农业转变，提升持续发展能力；加快人工劳作向机艺融合的替代型农业转变，提升劳动生产效率；加快分散经营向利益联结的规模型农业转变，提升组织化程度。

70. 如何深入实施“优质粮食工程”？

建立专业化、社会化的粮食产后服务体系，为种粮农民提供“代清理、代干燥、代储存、代加工、代销售”的“五代”服务。

完善粮食质量安全检验监测体系，健全粮食质检体系运行机制，确保粮食质检体系健康良性运行、履行职责、发挥作用。

开展“中国好粮油”行动，依托示范县和示范企业开展“中国好粮油”示范工程，提高绿色优质粮油供给水平。

71. 如何发展乡村特色文化产业集群?

建设一批特色鲜明、优势突出的农耕文化产业示范区，创建一批特色文化产业乡镇、文化产业特色村和文化产业群。

大力发展具有浓郁山西乡土特色的民间艺术和传统手工技艺，实施传统工艺振兴计划，拓宽琉璃烧制技艺、潞绸织造技艺、潞绣、黑陶烧制、黎侯虎、堆锦、太谷饼、推光漆等传统技艺的市场化道路，促进传统工艺提高品质，形成品牌，带动就业。

鼓励和引导非物质文化遗产项目向旅游景区周边及旅游线路沿线靠拢和发展，以黄河、长城、太行三大旅游板块发展为契机，推进文旅村镇发展，通过财税政策、土地政策、政府服务等方面的优惠和倾斜，编制旅游发展项目名录，指导财政补贴、引导企业投资，着力打造一批传统村落旅游精品景区，建设一批传统村落文创基地，培育一批特色旅游村落，推出一批文化创意商品，促进文化资源与现代消费需求的有效对接，形成具有国际影响力的产业体系。

72. 怎样科学合理优化乡村产业空间结构?

强化县域统筹。在县域内统筹考虑城乡产业发展，合理规划乡村产业布局，形成县城、中心镇（乡）、中心村，层级分工明显、功能有机衔接的格局。推进城镇基础设施和基本公共服务向乡村延伸，实现城乡基础设施互联互通、公共服务普惠共享。完善县城综合服务功能，搭建技术研发、人才培训和产品营销等平台。

推进镇域产业聚集。发挥镇（乡）上连县、下连村的纽带作用，支持有条件的地方建设以镇（乡）所在地为中心的产业集群。支持农产品加工流通企业重心下沉，向有条件的镇（乡）和物流节点集中。引导特色小镇立足产业基础，加快要素聚集和业态创新，辐射和带动周边地区产业发展。

促进镇村联动发展。引导农业企业与农民合作社、农户联合建设原料基地、加工车间等，实现加工在镇、基地在村、增收在户。支持镇（乡）发展劳动密集型产业，引导有条件的村建设农工贸专业村。

支持贫困地区产业发展。持续加大资金、技术、人才等要素投入，巩固和扩大产业扶贫成果。支持贫困地区特别是“三区三州”等深度贫困地区开发特色资源、发展特色产业，鼓励农业产业化龙头企业、农民合作社与贫困户建立多种形式的利益联结机制。引导大型加工流通、采购销售、投融资企业与贫困地区对接，开展招商引资，促进产品销售。鼓励农业产业化龙头企业与贫困地区合作创建绿色食品、有机农产品原料标准化生产基地，带动贫困户进入大市场。

73. 山西省如何实施农业“特”“优”战略？

山西地处黄河中游，是我国农耕文明的重要发祥地，素有“杂粮王国”和“优质粮果带”的美称。特殊的地理环境孕育出众多的特色农产品，谷子、杂豆、莜麦等产量在全国名列前茅，苹果、红枣、核桃、陈醋、小米、芦笋驰名海内外。基本已经形成雁门关、吕梁山、太行山、上党盆地、汾河平原、城郊农业六大特色农业区域。

习近平总书记视察山西省时指出，山西农业的出路在于“特”和“优”。

近年来，全省认真贯彻落实习近平总书记视察山西重要讲话重要指示，依托先天资源禀赋优势，深入推进农业供给侧结构性改革，大力实施农业“特”“优”战略，高位推进农产品精深加工十大产业集群，扎实推动山西农谷、雁门关农牧交错带示范区、运城农产品出口平台建设三大省级战略和“南果中粮北肉”出口平台、“东药材西干果”商贸平台。积极将农产品品牌建设纳入省级发展战略，着力打造“山西药茶”“大同黄花”产业提质升级，打造食用菌全产业链。建设杂粮、中药材、干鲜果、设施蔬菜、马铃薯、花卉、淡水鱼等特优种养基地。

深入实施农业“特”“优”战略，打好一产、种业两场“翻身仗”，抓住“地、粮、猪”三个关键，开展集群提质、乡村建设、与农业农村部深入对接、“晋我家”品牌建设四个行动，强化“园区、科技、改革、投入、联结”五个支撑，加快推进产业基础高级化、产业链现代化，全面推进乡村振兴。

74. 山西省实施杂粮全产业链开发重点工程是什么？

实施杂粮良种繁育工程、实施优质杂粮有机旱作生产工程、实施杂粮龙头企业全产业链开发工程、实施杂粮食品多样化研发工程、实施区域公用品牌建设工程、实施生产社会化服务主体培育等六大重点工程。

75. 山西省推进产业兴旺的具体路径是什么？

产业兴旺强调以农业供给侧结构性改革和农业转型发展为主线，加快推进全省农业特色发展、高质量发展、融合发展、开放发展，推动特色农业大省向特色农业强省转变。具体路径可以概括为“3473”方略，即突出全省优势杂粮、旱作农业、功能农业三大特色；强化区域化布局、集群化推进、园区化承载、功能化提升四个支撑；打造杂粮、畜牧、蔬菜、水果、干果、中药材、酿造等 + 大产业集群；加快推进山西农谷、雁门关农牧交错带示范区、运城农产品出口平台建设三大省级战略；不断提高农业综合效益和竞争力，促进农村一二三产业融合发展，走出一条产出高效、产品安全、资源节约、环境友好的山西特色农业现代化道路。

76. 山西省畜禽良种联合攻关计划主要任务是什么？

山西省处于农牧交错带，有着良好的畜牧业禀赋。2019 年，国家畜禽良种联合攻关工作启动以来，山西省启动畜禽良种联合攻关计划，提出构建稳定的猪、羊、牛、鸡四大畜禽特色品种商业化联合育种体系，推出一批畜禽联合攻关的基础性与引领性成果，选育开发一批晋系畜禽优良品种，夯实畜牧业基础。今后将创建资源共享、多元投入、获益分享、人才交流的联合攻关体系，加快形成 1 ~ 2 个“晋猪”商业化品系；推进形成“晋系”肉用绵羊、山羊及乳用绵羊、山羊新品种或品系 1 ~ 2 个；加强晋南牛品种选育，培育晋南牛肉用专门化品系，建立高端肉牛育种体系；完善边鸡联合保育体系，杂交培育抗逆、优质、高效特色肉蛋鸡配套系 1 ~ 2 个，构建全链条晋鸡育种体系。

77. 什么是山西省农业中央厨房？

一种新的农业产业业态，通过构建农产品基地、食品材料、加工、供应链体系，实现了统一采购、统一加工、统一配送，有利于食品标准化、规模化、集约化发展。

78. 山西省推进有机旱作农业发展的重点任务是什么？

在标准体系建设上，加快建立以生产过程全产业链、生产技术全要素、作物品种全覆盖为目标，以水、肥科学利用和农药有效控制为重点，以现代农业技术为支撑的符合山西特色的有机旱作农业地方标准体系。在技术体系建设上，重点推广22项有机旱作农业集成技术、六项种植模式，开展新技术新品种试点示范。形成涵盖不同生态区域、不同水源条件、不同灌溉方式、不同作物类型的有机旱作农业技术模式。在产业体系建设上，一方面，围绕农产品精深加工十大产业集群，与酿品、饮品、主食糕点、功能食品等产业集群建设相结合，布局建设优质农产品原材料生产基地。另一方面，突出抓好品牌建设，以市场需求为导向，继续推选功能农产品品牌和开展“三品一标”认证。支持有机旱作农产品线上线下宣传推广，支持有机旱作示范片与省属国有企业和民营企业实行订单生产、品牌营销。适时召开有机旱作农业农产品展示交流会，扩大影响力和知名度。在保障措施上，主要包括组织领导、财政支持、科技支撑和宣传培训，确保有机旱作农业加快发展，助力有机旱作农业品牌打造。

79. 山西省有机旱作农业发展布局是什么?

统筹考虑区域资源禀赋和产业发展基础，着力破解突出问题，明确主攻方向，主打“特色”“优质”牌，加快培育优质杂粮、蔬菜、鲜干果、草牧业、中药材等特色优势产业，集成一批有机旱作农业技术模式，打造一批高效发展典型，创建一批优质特色品牌。

雁门关区域，重点布局优质杂粮、冷凉露地蔬菜、草牧业等特色产业。着力破解土壤风蚀、耕作粗放、生态环境脆弱、农牧结合不紧等问题。大力调减籽粒玉米，强化农牧结合，加快构建粮经饲协同发展的三元结构。

吕梁山区域，重点布局优质鲜干果和杂粮产业。着力破解水土流失严重、旱灾频繁、生态恶劣以及特色产业发展不足等问题。将生态建设和产业发展有机结合，发展农产品精深加工，加快产业化步伐，着力培育吕梁红枣等一批区域公共品牌。

太行山区域，重点布局杂粮和道地中药材产业。着力破解耕地土层薄、中低产田多、土壤蓄水保水能力低等问题。大力发展绿色有机农业，推进有机封闭示范。注重品牌建设，大力培育太行有机小米等区域品牌。因地制宜发展丘陵山区生态休闲农业、庄园经济。

上党盆地区域，重点布局优质杂粮、蔬菜、中药材等产业。着力破解农产品生产基地规模小、经营分散、技术装备配套不足、粪污资源化利用不足等问题。要适度调减籽粒玉米，优化种植结构。发展绿色有机农业，推进循环农业。

汾河平原区域，重点布局高效设施农业、农产品加工业、优质水果以及优质高效粮食产业。着力破解基础设施不配套、农药与化肥过量使用、水资源利用效率不高等问题。大力推进标准化生产，以创建品牌、延伸产业链条和实施农业走出去战略为核心，打造优质果麦生产区，建设现代农业示范区。

城郊农业区域，重点布局以农业多种功能开发和一二三产业融合发展为重点的城郊农业。着力破解水土资源过度消耗、农业投入品过量使用、农业结构不合理等问题。加快形成产业特色明显、优质高效和持续增长的城郊农业框架，使城市郊区成为农业物流信息流、农产品深加工、农业科技示范中心和市民观光休闲目的地。

80. 山西省发展有机旱作农业农技集成创新工程是什么？

加强有机旱作新农艺的试验研究。立足省情，开发资源节约、绿色增产、质量安全的有机旱作新技术。深挖传统技术精华，促进技术集成创新。充分发挥农业科研力量，广泛开展有机旱作新农艺探索研究、试验、示范。

示范推广先进适用农艺。因地制宜推广间作套作、秸秆覆盖、全膜双垄沟播等广适性技术，以及小麦探墒沟播、玉米探墒机播、渗水地膜谷子穴播、马铃薯起垄栽培、果菜节水灌溉等适宜技术。扩大适宜农艺技术的应用面积，提高技术贡献率。

81. 山西省发展有机旱作农业农机配套融合工程是什么？

研发满足山西省特色农业和农艺要求的农机装备。坚持自主开发和引进、消化、再创新相结合，探索完善多方协作、共同发展的研发创新机制，逐步建立有机旱作农业机械化产、学、研、推相结合的研发创新体系。研发适应平川区、丘陵山区的大型复式机具和经济耐用、环保低耗的小型机具。加快电动农机开发、推广应用。推进农机信息化发展，建设山西省智慧农机云平台，实现农机定位耕播、变量施肥、收获、植保等旱作农业的精准化作业。

推进农机农艺融合。探索高效适宜机械化有机旱作农业技术，努力促进农作物耕、种、收、管、防全程机械化。在杂粮、林果、蔬菜、中药材、休闲等产业优势区域建设特色产业机械化示范区，推进农业机械化新技术、新设备的示范应用，着力推动全省特色农业发展。继续推进率先实现农业机械化示范县乡村、农业机械化示范社场户工作，不断提升农业机械化综合水平。

82. 山西省发展有机旱作农业绿色循环工程是什么？

推进农业废弃物资源化利用。鼓励养殖密集区建设集中处理中心，开展专业化集中处理，引导粪污就近就地还田利用，支持畜禽粪污能源化。推进秸秆肥料化、饲料化、基料化和原料化利用。积极支持规模化生物天然气工程。积极推进农田残膜和农药包装废弃物回收利用试点，探索建立废旧地膜回收站点、回收网络和加工体系。

推进化肥农药零增长行动。实施配方施肥替代习惯施肥、有机肥替代化肥、新型肥料替代传统肥料、培育新型农业经营主体、培育科学施肥社会化服务组织的“三替代两培育”措施。推广病虫绿色防控技术和新型植保机械，推进病虫专业化统防统治。

探索休耕轮作制度。根据国家部署及山西省实际，有计划有步骤地对生态脆弱、资源环境压力大的耕地开展休耕轮作。积极开展探索与推广耕地轮作技术模式，重点推广籽粒玉米与马铃薯、饲草作物、杂粮杂豆等轮作技术模式。在生态严重退化地区逐步开展休耕试点。

推进退耕还林还草。实施新一轮退耕还林还草，进一步推动 25° 以上坡耕地、严重沙化耕地和重要水源地 15° ~ 25° 坡耕地退耕还林还草。

发展循环农业。推进种养循环、农牧结合，构建农作物—秸秆—养畜—畜禽粪便—肥料—农作物上下游互逆的循环链，开展粮改饲和种养结合型循环农业试点，扶持一批农牧循环示范区。发展“林下经济”，以林地资源和森林环境为依托，发展林菌、林药、林禽、林粮、林菜等高效林业立体模式。建立林业加工—木屑—食用菌—培养基或者饲料、肥料产业链。

83. 山西省组建神农科技集团的使命和任务是什么？

组建神农科技集团是省委省政府立足山西省特色农业优势，深化农业供给侧结构性改革，着力构建现代农业产业体系，打造高质量发展新支柱的重大举措。肩负着全力打造晋中国家农高区（山西农谷）的重大使命和任务。

一要打造一流农高区。按照政府主导、市场化运作的方式，聚焦主业，形成板块优势，引领农业农村现代化发展。

二要推动“谷城院”融合发展。持续把“谷城院”一体化发展作为农高区的独特优势、目标方向、重大任务，作为山西农业大学广大师生创新创业的广阔舞台，打破思想的围墙、物理的围墙，为农高区建设提供强大动能。

三要贯通产学研。把农业高新科技作为农高区的核心，坚持引育并举、持续发力，围绕课题和项目与领军人才、研发团队建立紧密合作关系，出一流科研成果的同时培养更多一流科研人才，产学研用贯通，上中下游一体，突破共性技术和卡脖子技术，加强成果转化推广，在农业农村现代化进程中发挥好科技支撑作用。

四要深化农业农村改革。推进农村产权制度、土地制度、金融等改革，深化农技、农机、农经三支队伍改革，以构建现代农业产业体系、生产体系、经营体系为抓手，大力发展设施农业，培育掌握现代农业技术的职业农民，壮大农村集体经济，促进乡村振兴。

五要增强辐射力和带动力。依托农高区，进一步精准招商引资、招才引智，充分发挥现代农业的示范引领作用，服务、辐射和带动全省，实现乡村振兴，助推农民增收。大力繁荣发展展会、论坛、交易、物流、消费、旅游等新业态，进一步提高活跃度，做优农高区品牌。

六要实施好“特”“优”战略。抢抓新发展格局重大机遇，深化农业供给侧结构性改革，按照产业生态的要求打造全产业链，以高水平的研发能力、优质农产品生产和精深加工能力进入国内国际双循环大市场，不断提高市场占有率，进入供应链中高端。

84. 山西省如何培育有机旱作农业品牌?

推进有机旱作农业标准化，制定符合山西省实际、易于推广的有机旱作生产地方标准。强化有机旱作标准体系推广应用，树立全国有机旱作农业发展标杆。以功能农业为引领，推进杂粮、薯类、干鲜果、畜禽、蔬菜、中药材等农产品精深加工。积极推进"三品一标"认证和示范基地创建。围绕特色产业和优势产品，抓好运城苹果、吕梁红枣、太行小米等区域公共品牌建设，推进山西小米、山西陈醋等省域公共品牌建设，逐步形成整体发展优势，带动全省农业提档升级。

85. 山西省发展有机旱作农业耕地质量提升工程是什么?

严格保护耕地。严格执行耕地保护制度，加强永久基本农田保护和利用，守住 5757 万亩耕地红线。规范耕地占补平衡，建立占用耕地剥离耕作层土壤再利用制度，保住耕地质量红线。

加强耕地建设。加强统筹规划，坚持不懈推进高标准农田建设。通过平田整地、建设水平梯田、筑坝排洪、整修地埂、种植生物埂或田间林网、整修田间路、加厚土层等措施，提升土壤蓄水蓄肥能力，提高耕地质量。

积极培肥地力。采取秸秆还田、增施有机肥、种植绿肥等土壤培肥方式，增加土壤有机质，提升耕地地力等级。大力实施有机肥替代化肥行动，逐步扩大试点作物和试点范围。全面推进测土配方施肥。

第三章　人才振兴

乡村振兴，人才是关键。要积极培养本土人才，鼓励外出能人返乡创业，鼓励大学生村官扎根基层，为乡村振兴提供人才保障。

86. 如何理解人才振兴是乡村振兴的关键？

乡村振兴，人才是关键。要积极培养本土人才，鼓励外出能人返乡创业，鼓励大学生村官扎根基层，为乡村振兴提供人才保障。

推动乡村振兴需补齐“人才短板”。农民是乡村振兴的主力军。要就地培养更多爱农业、懂技术、善经营的新型职业农民；要通过富裕农民、提高农民、扶持农民，让农业经营有效益，让农业成为有奔头的产业，让农民成为体面的职业；要营造良好的创业环境，制定人才、财税等优惠政策，为人才搭建干事创业的平台，吸引各类人才返乡创业，激活农村的创新活力；要注重建立引导和鼓励高校毕业生到基层工作“下得去、留得住、干得好、流得动”的长效机制。

推动乡村人才振兴，要把人力资本开发放在首要位置。畅通智力、技术、管理下乡通道，造就更多乡土人才，聚天下人才而用之。加强懂农业、爱农村、爱农民的“三农”工作队伍建设，建立“三农”工作干部队伍培养、配备、管理、使用机制，落实关爱激励政策，引导各类人才投身乡村振兴，并要求抓紧出台培养懂农业、爱农村、爱农民“三农”工作队任的政策意见。

强化乡村振兴人才支撑，加快培育新型农业经营主体。让愿意留在乡村、建设家乡的人留得安心，让愿意上山下乡、回报乡村的人更有信心。激励各类人才在农村广阔天地大施所能、大展才华、大显身手，打造一支强大的乡村振兴人才队伍，在乡村形成人才、土地、资金、产业汇聚的良性循环。

87. 乡村人才振兴的意义是什么？

乡村振兴要靠人才。人才振兴作为乡村振兴战略的五大战略之一，是最关键、最活跃且起决定性作用的要素。乡村经济社会的发展、社会治理格局的完善以及乡村文化的发展等都需要多元化的人才队伍来实施，来创新发展。

人才振兴，乡村振兴才有底气。人才兴、产业旺，人才是第一资源，是乡村振兴的根本。只有集聚一支爱农村、爱农民、懂农业的人才队伍，才能真正使资本、技术等资源流向农村，促进乡村经济社会发展。同样，乡村经济社会发展了，才能吸引更多外来资源和更多的人才聚集到农村，为农村经济社会进一步发展出谋划策，乡村振兴才有实现的底气。

人才振兴，乡村振兴才有朝气。只有把青年人、“土专家”、“田秀才”等乡土人才培养起来，把乡村管理人才、高精尖的农技人才吸引到农村，让他们真正把事业放在农村，把创新创业的激情留在乡村，乡村振兴才有朝气。

人才振兴，乡村才有活力。只有培养造就一支懂农业、爱农村、爱农民的工作队伍，才能激发乡村发展活力。

88.“五大振兴”需要什么样的人才？

产业兴旺方面，最重要的人才是农业经营管理人才（农业职业经理人）、新型职业农民、农业科技人才和农村电商人才。农业经营管理人才，是产业兴旺最迫切需要的人才。要解决小生产与大市场的矛盾，就需要进行各种方式的农业组织创新，包括新型合作社、农村专业技术协会、公司 + 农户、公司 + 基地等。所有这些新型组织方式，本质上都是土地、资本、技术、管理的高级结合方式。而其中起到启动、协调、推动作用的是经营管理人才。

生态宜居方面，最重要的人才是环境治理人才和景观设计人才。实现生态宜居，一是让环境更干净，需要治理好粪污、污水和垃圾；二是让环境更美丽，需要在生态景观、建筑景观、人文景观方面，有更好的设计和建设。这两个方面的人才必不可少。

乡风文明方面，最重要的人才是文化传播人才。实现乡风文明的关键是弘扬社会主义核心价值观，使之深入人心，落实到每个人的行动上。这需要用有效的文化传播方式，进行熏陶培养。

治理有效方面，最重要的人才是乡村管理人才。核心是村支委和村委会干部队伍。尤其是主要负责人要具备较好的自治、法治、德治觉悟和能力。

生活富裕方面，最重要的人才是教育方面和医疗方面的人才。随着农民物质生活水平不断提高，对教育和医疗服务方面的要求也会不断提高，对农村教师和农村医生人才的需要也在增加。

89. 乡村人才振兴面临的挑战有哪些？

农村人口的基础教育水平较低，缺乏人才成长的基础；大部分受过较高水平教育的青壮年，都外出工作；农村的生活设施条件总体较差，对外来人才的吸引力不足；等等。

90. 如何创造有利于各类乡村人才成长并发挥作用的良好环境？

乡村人才振兴的关键，就是要让更多人才愿意来、留得住、干得好、能出彩，人才数量、结构和质量能够满足乡村振兴需要。要创造有利于各类人才成长、发挥作用的良好环境，要有一个好的制度安排，把现有的农村各类人才稳定好、利用好，充分发挥现有人才的作用。要培养过硬的乡村基层干部队伍。要全面建立职业农民制度，大力培育新型职业农民。要加强农村专业人才队伍建设，要发挥科技人才支撑作用，要培育挖掘乡土文化本土人才。鼓励社会各界投身乡村建设，创新乡村人才培育引进使用机制。

91. 新型职业农民重点培育对象包括哪些?

新型职业农民重点培育对象主要包括农业职业经理人、现代青年农场主、农村实用人才带头人、新型农业经营主体骨干、农业产业扶贫对象等。

92. 如何理解乡村振兴要重视“三农”工作队伍建设?

要深化农村改革，活跃农村资源要素，汇聚全社会助农兴农力量，造就更多乡土人才，强化乡村振兴人才支撑。党的十九大报告中指出，必须始终把解决好“三农”问题作为全党工作重中之重，强调培养造就一支懂农业、爱农村、爱农民的“三农”工作队伍。只有“懂农业”，才能对农业发展有使命感，把握现代农业发展的方向，做现代农业的推动者；只有“爱农村”，才能有深厚的农村情怀，能够扎根基层，做振兴乡村的实践者；只有“爱农民”，才能心系民心，为农民谋福利，做农民增收的助力者。“三农”工作队伍建设是推动乡村振兴战略的关键所在，也是实现乡村振兴的重要保障。

93. 如何培养新时代合格的“三农”干部队伍?

制定并实施培训计划，全面提升“三农”干部队伍能力和水平。一是着眼于提高能力，强化“三农”干部教育培训；二是积极更新观念，不断提高引领市场和依法行政的能力；三是强化思想道德与价值观教育，全面提升“三农”干部队伍能力水平和思想境界。

94. 如何配齐配强农村基层干部?

在选人用人上体现讲担当、重担当的鲜明导向，把敢不敢扛事、愿不愿意做事、能不能干事作为识别干部、评判优劣、奖惩升降的重要标准，把干部干了什么事、干了多少事、干的事群众认不认可作为选拔干部的根本依据，激励各级干部撸起袖子加油干。

一要突出政治标准。选用忠诚自律担当的干部，能力与潜力并重，既注重从艰苦环境和复杂局面中培养锻炼年轻干部，又注重从高层次人才中引进。

二要注重发挥榜样的激励作用。重视和丰富对农村干部的物质激励和精神激励，使想干事、能干事、干成事的基层干部脱颖而出。

三要建立长效机制。注重在人员配置、资金投入、公共服务上优先安排保障，从农牧、科技、林业等部门选派优秀干部到农村一线指导实践，有效提升“三农”干部队伍的能力和水平。

95. 什么是新型职业农民？

新型职业农民是指具有科学文化素质、掌握现代农业生产技能、具备一定经营管理能力，以农业生产、经营或服务作为主要职业，以农业收入作为主要生活来源，居住在农村或集镇的农业从业人员。

跟传统农民相比，新型职业农民具备现代农业生产经营的先进理念，具备现代农业所要求的能力素质，能够获得较高的收入，是新农业生产的继承人与开拓者。

具体体现为：

一是新的农业经营、农业专业化服务、农业管理的主体。既要懂经营，又要懂管理，还要为农业提供社会化服务。

二是农业新知识的掌握者和传播者。只有广泛掌握生物科技、计算科学、现代管理等知识，才能提高农业在国际市场的竞争力。

三是新技术、新品种、新技能的使用者和发明者。没有新的技术装备武装现代农业，就难以实现规模经济，而没有新的优良品种被培育推广，市场竞争力就难以提高。

四是新型职业农民是现代农业新业态的创新者。新型职业农民将农产品的生产、加工、营销联结为一体，将特色农产品生产与农村生态旅游融为一体，使农业成为集种养、旅游、教育等于一体的多功能新业态。

96. 现阶段农民职业化培育体系的发展困境是什么？

我国现阶段的新型职业农民数量少，远不能满足农业生产需要。

新型职业农民培育的内容和模式无法满足各类农民的需求。由于地域、作物种植及农民个体差异等因素决定了不同农民对未来规划差异巨大，这就导致农民培育若要涵盖各个方面十分困难。

新型职业农民培育的资金投入不足。虽然每年政府的补贴力度很大，但分散到各个省份和市县后所剩无几，再加上农民培育需要各方面的协作，资金流转更为捉襟见肘。

新型职业农民培训的师资力量不足。教师数量少且质量参差不齐，且多数农民自身受教育水平不高，因此培训效果不佳。

农民培训缺乏有效的协调与管理机制。地方政府和当地农业企业间缺乏有效连接，导致资源分散，未能实现强强联手。

我国新型职业农民的优惠政策不足，农民的各项基本权益并没有得到切实保障，且新型职业农民地位不高。

97. 如何培育新型职业农民？

乡村振兴，关键在人。推进农业农村现代化，实现农业强、农村美、农民富，首先要推进人的现代化和农民的职业化。新型职业农民是发展壮大新型农业经营主体、构建农业社会化服务体系的重要力量，对于推动农村创新创业、促进一二三产业融合发展、带动小农户发展现代农业具有重要意义。培育新型职业农民是解决“谁来种地”“如何种好地”

问题的根本途径，是深化农村改革、构建新型农业经营主体的关键举措，是统筹城乡发展、实现全面建成小康社会的重要保障。

第一，全面建立新型职业农民制度。一是建立新型职业农民制度是乡村振兴的重要创新。新型职业农民给农业农村带来深刻的变化，承载了我国农业的希望和未来。二是新型职业农民是乡村振兴的重要支撑。大力培育新型职业农民，调动农民的积极性，激发他们的创造力，提升农业农村生产力，是乡村振兴前期工作的重中之重。三是新型职业农民是推进城乡发展一体化的重要保障。提高农民的科学文化素质和生产经营能力，推动农民身份向职业转变，逐步成为体面的职业，让广大农民平等参与现代化进程、共同分享现代化成果，吸引一批农民工、中高等院校毕业生、退役军人、科技人员等到农村创新创业，带动资金、技术、管理等要素流向农村，发展新产业、新业态，增强农村发展活力，繁荣农村经济，缩小城乡差距。

第二，实施新型职业农民培育工程。以提高农民、扶持农民、富裕农民为方向，以吸引年轻人务农、培育职业农民为重点，建立专门政策机制，完善培育制度，强化培育体系，通过培训提高一批、吸引发展一批、培养储备一批，加快构建一支有文化、懂技术、善经营、会管理的新型职业农民队伍，为农业现代化建设提供坚实的人力资源基础和保障。同时要实施新型职业农民学历提升工程、新型职业农民培育信息化建设工程。

第三，创新培育组织形式。一要构建科学的培育体系，明确培育主体，丰富培训内容，制定有针对性的培训方案，让农民真正成为农业发展的主力军，让美丽乡村成为他们施展才干、提升能力、实现理想的宽广舞台。二要创新培育机制。支持新型职业农民通过弹性学制，参加中高等农民职业教育，支持农民专业合作社、专业技术协会、龙头企业等主体承担培训职能，鼓励农业园区、农业企业建立新型职业农民实习实训基地和创业孵化基地。

98. 如何抓好农村实用人才队伍建设？

健全实用专业人才培养机制，有效提供乡村复合型人才。

构建科学高效的人才发展机制，发挥实用专业人才作用。

细化资助、扶持相统一的服务机制，服务农村实用人才。

重视“人才使用”，加大激励扶持力度，规范管理农村实用人才。

99. 如何健全以职业农民为主体的农村实用人才培育机制？

培育造就乡土人才，主要是加强新型职业农民培训和农村专业人才队伍建设。

引导农民工、复员退伍军人返乡创业，鼓励城市青年到农村创业，并给予税收、信贷优惠等一系列扶持政策。

鼓励退休人员到农村创业，发挥“新乡贤”作用。

100. 农民职业化教育的价值是什么？

有助于推进农村经济的快速发展。农业经济的发展不仅依赖于增加土地投入以及单位土地上资本和劳动力的投入，同时，还依靠农业科技含量和农民科学文化素质。

有助于促进城镇化和产业结构调整。农民职业化教育旨在通过教育的方式为农村培养现代化所需的职业农民，掌握现代科技、具有专业知识和素养，进而有力推进向农业的产业化、规模化方向发展。与此同时，农村大量剩余劳动力则向二三产业转移，有利于推进城乡一体化建设及产业结构调整。

促进农民对自身职业身份的认同。农民职业化教育不仅可以使农民获得农业专业知识和技能，而且有助于促进农民思想进一步解放。

101. 怎样培养乡村本土人才？

乡村振兴离不开土生土长的乡土人才。要让愿意留在乡村、建设家乡的人留得安心，让那些有号召力的带头人，懂技术的“土专家”“田秀才”、善经营的“新农人”“农创客”，都能在乡村振兴伟业中精彩绽放。

一是要围绕本地农业特色，根据不同产业布局、农户创业需求、人才资源分布情况，制定农村本土人才培养计划。

二是要做到精准定位，分层次、分类别、分步骤，有针对性地对普通种养户、产业大户、科学技术示范户、合作经营带头人等进行能力培训，做到用精细化管理模式培养本土人才，走出梯次式培养农村本土人才的新路子，切实提高农村本土人才的技术水平。

三是要畅通乡村人才职称评定体系。

102. 乡村振兴应如何激活“人、地、钱”三要素活力？

建立健全各类人才投身乡村的激励机制，包括探索人才服务乡村的多元模式、建立吸引乡贤投身乡村的激励机制。

加快制定鼓励引导工商资本参与乡村振兴的扶持政策，包括强化土地流转和建设用地指标保障、明确工商资本投资重点领域、规划一批工商资本参与乡村振兴项目、做好政府服务等。

建立城乡之间、区域之间、校地之间人才培养合作与交流机制，包括实施区域范围内城乡人才培养资源的集约化统筹发展、校地合作探索提升农村基层人才质量和服务农村原动力。

103. 如何培育善于致富带富的农村实用人才队伍？

以新型职业农民为主体的农村实用人才是广大农民的优秀代表，是带领农民群众增收致富的骨干力量，是推进农业农村现代化建设的主导力量。新型职业农民是农村实用人才的重要组成部分，新型农业经营主体带头人是新型职业农民的重要骨干。无论是新型职业农民的培育，还是新型农业经营主体带头人的轮训，或是农村实用人才带头人的示范培训，都是培养造就“一懂两爱”农村实用人才队伍的重要途径。

一要加快培育爱农业、懂技术、善经营的新型职业农民。深入实施新型职业农民培育工程，以培育新型农业经营主体带头人、农业职业经理人及骨干农民为重点，创新培育机制，强化能力素质培训、生产经营服务、产业政策扶持等，帮助职业农民快速成长。

二要完善农村实用人才带头人示范培训机制。谋划实施乡村振兴发展带头人示范培训行动，扩大农村实用人才带头人示范培训经费渠道改革试点，不断扩大培训规模，实行农村实用人才带头人培训全覆盖。加强培训教师队伍建设，加大培训教材开发和优秀教材推介力度，改进学员选调和培训方式，注重培训内容和模式创新，把培训内容与培训基地的教学资源特色紧密结合起来，启用“农村实用人才带头人之家”学习平台，不断增强培训的精准度和实效性。

三要深入推进贫困地区“扶志扶智”行动。扶贫先扶志，扶贫必扶智。扶志就是扶思想、扶观念、扶信心，扶智就是扶知识、扶技术、扶思路。如果扶贫不扶志，扶贫的目的就难以达到；如果扶贫不扶智，就会知识匮乏、智力不足、身无长物，甚至造成贫困的代际传递。要从根本上摆脱贫困，必须智随志走、志以智强，实施“志智双扶”。根据《关于开展扶贫扶志行动的意见》（国开发办〔2018〕45号），在继续做好产业就业扶贫、教育扶贫、健康扶贫、易地扶贫搬迁、危房改造、饮水安全、保障性扶贫等工作的同时，通过宣传教育、典型带动、技能培训、政策扶持、营造文明新风等途径，增强贫困群众主体意识和立足自身实现脱贫致富的信心决心，提高自我发展能力，确保贫困群众实现稳定脱贫和可持续发展。

四要拓展农村实用人才培养途径。启动实施农村实用人才“学历提升计划”，为农村培养一批具有中专以上学历的农村实用人才。充分发挥专业合作社、社会化服务组织、农业产业化龙头企业等各类新型经营主体以及行业协会等社会组织在人才培养中的“蓄水池”作用。发挥“全国农业劳动模范”“全国十佳农民”“全国杰出农村实用人才”等资助项目的作用，激励引导人才在乡村振兴中建功立业。

104. 推进产教融合、校企合作对发展农村职业教育有何意义?

党的十九大报告提出：“完善职业教育和培训体系，深化产教融合、校企合作。”吸收有关行业企业深度参与，进一步推进农村职业教育改革发展，进一步加强农村职业学校建设，有利于进一步促进社会有关各界的资源共享与责任共担，促进农村人才培养供给侧和农村产业需求侧结构要素全方位融合，促进人才培养领域的“供给侧结构性改革”，实现农村教育链和人才链与产业链和创新链的有机衔接，开创产教融合、校企合作的新局面，对农村职业教育发展具有重要意义。

105. 培养乡村工匠人才，弘扬工匠精神对乡村振兴有何重要意义?

工匠精神的基本内涵包括敬业、精益、专注、创新等方面的内容。乡村工匠人才，不局限于传统手工艺人以及狭隘的“工”的范畴，而是一批与农业、乡村相关的“匠人”——能扎根农村，懂农业、爱农村、爱农民的强有力的人才队伍。新时代下的乡村振兴战略是解决乡村发展的各种问题，要为乡村振兴创造更多具有高职业精神的乡村振兴资源型人才，而工匠精神是培养这些具有高素质人才的主要精神培养项目，使农民脱贫增收，以推动乡村的健康持续发展，使乡村振兴战略有效实施。

106. 如何理解乡村人才振兴要用好“五种人”？

人才振兴是提升农业竞争力和实现农业农村现代化的核心工作，是促进和实现乡村振兴的关键内容。要用好“五种人”，即乡村现有的各类人才、走出去的人才、乡村管理者、乡村新型经营主体带头人、农业行业的工作者，在人才使用的体制机制上向他们倾斜，不断提高并充分保障他们的各项权益。要在社会价值认同的导向上，形成“事农为荣、入乡为耀”的环境氛围，让一切参与“三农”工作的人，尤其是年轻人才感觉到身份的自豪和事业的荣耀，培养好懂农业、爱农村、爱农民的“三农”工作队伍。

107. 乡村振兴需要培育引进哪些类型人才？

乡村振兴需要培养引进五种类型人才，分别是生产经营型人才、创新创业型人才、社会服务型人才、公共发展型人才和乡村治理型人才。

108. 如何创新乡村人才培育的实施路径？

人才是支撑发展的第一资源，乡村要振兴，必须培育一支能够支撑乡村发展的人才队伍。乡村人才工作要紧紧围绕主导产业和优势产业的发展需求，大力培育新型职业农民，同时，在“引进”“服务”上下足功夫，从吸纳和留住人才两方面做好乡村人才培育工作。

109. 怎样建设好乡村“两委”领导班子？

建设一个坚强有力的村级领导班子，特别是配好村党支部书记，是加强农村基层组织建设的关键所在。

一要更新观念，严格标准，把能否带领群众致富作为选配村党支部书记的重要标尺，将那些素质高、能力强、群众拥护的党员选为“领头雁”，从而提高村党支部书记的群众公认度。

二要破除论资排辈观念，敢于突破常规，大胆起用优秀人才，破除求稳怕乱观念，形成优胜劣汰的竞争机制。

三要严把“入口”关，在全面实行“两推一选”的基础上探索试行“公推直选”。疏通“出口”关，对一些不安心本职工作、办事不公、以权谋私、群众不满意的村干部进行妥善处理，以增强村干部的竞争意识、危机意识，破除“村干部除了我没人愿意干”的错觉。

110. 怎样培养一支懂农业、爱农村、爱农民的“三农”工作队伍？

提升专业化能力建设。现代农业对农村工作队伍提出了更高要求，特别是对他们在新技术、新成果、新信息的接纳、消化、吸收能力需求更加迫切。

拓宽农村选拔吸纳干部人才渠道。坚持以主导产业为依托，加大各类经济合作组织的组建和合作力度，将人才分门别类进行纵横连线，构建农村实用人才网络体系，真正把人才凝聚起来，形成人才队伍优势。要实行分类递进培训，加强产业和人才需求对接，为干部人才队伍“强筋壮骨”“加油充电”。

加大乡土人才培养力度，在优惠政策、技术培训、信息服务、项目申报等方面倾斜支持。强化政治激励、物质奖励、精神鼓励，建立完善农村基层人才吸纳机制，稳定农村基层人才队伍。要开展农村实用人才“传帮带”，提高农村实用人才服务群众的能力和水平。

111. 开展新型职业农民职称评定的意义有哪些?

职称是专业技术人才学术和技术水平的主要标志。过去，我国人才评价体系在农业领域和农民群体中缺乏系统性、针对性，特别是在农村，许多“土专家”有技术却没有“身份”。推进农民评定职称工作，让农民实现从“身份”到“职业”的转化，这是国家全面深化发展人才体制机制改革的重要举措，是我国经济社会发展到一定阶段的必然需求。

112. 怎样建立有效的人才激励机制?

将物质激励与精神激励置于同等地位。一方面，物质激励主要包括工资、津贴、福利、奖金等形式，对于考核优秀、群众评价良好的乡村人才，给予奖励。另一方面，为表现优秀的乡村人才提供升迁机会，将其作为乡村人才的先进学习模范，让其拥有更多的获得感、成就感，从心里产生投身乡村振兴的热情和动力。

完善绩效考评机制和目标激励机制。建立科学合理的乡村人才绩效考评机制和目标激励机制，各级政府在财政、税收政策上给予优惠。

重视农村基础设施建设。各级政府应该适当增加财政投入，支持农村建设综合配套设施、基础设施，尤其是环卫、网络、通信、能源、交通等方面的设施，提高农村地区的接纳与服务能力。

113. 如何发挥农业科技在乡村振兴战略中的支持引领作用?

强化制度创新，激发创新创业活力。

实施种业等领域科研人员以知识产权明晰为基础、以知识价值为导向的分配政策。

探索公益性和经营性农技推广融合发展机制。

全面实施农业技术推广服务特聘计划。

114. 乡村振兴对农业经营管理人才有什么要求？

农业经营管理人才要求视野开阔，眼光独到，能合理认识、开发和配置资源，成功地创业；要求能深刻领会政策文件精神；要求能够把握市场规律和行情趋势；要求有高度的“三农”情怀，爱农业，懂农业。

115. 什么是农业科技人才？

农业科技人才包括生产一线的技术应用人才和提供科技支撑的科研人才。种植业、园艺业、养殖业、加工业，乡村休闲观光旅游业，都离不开农业科技人才的支撑。

116. 怎样发挥本土人才的作用？

充分发挥乡村本土人才宣传引导作用。利用乡村本土人才天然优势，宣传乡村振兴战略，宣传党和政府推进乡村振兴的方针政策，宣传自立自强思想，增强农民群众信心，激发农户内生动力。利用“明白人、带头人”发家致富的本领，带动群众发展产业，提高经济收入，营造干事创业的良好氛围。

充分发挥乡村本土人才调解矛盾作用。与群众同吃同住同劳动的本土人才，对村内各种矛盾始因的真相比较了解，能够在调解矛盾纠纷时考虑更多，最大限度地将矛盾处理得公平公正。本土人才要坚持正确的舆论导向，协调好上级政府与农民之间的关系，增进老百姓与政府的感情。

重视乡村本土人才教育培训。搭建学习平台，发动社会力量，结合本地实际需求，开展常态化学习，增强本土人才政治素养、道德水平和职业能力，培养一批专业性本土人才。

加大乡村本土人才扶持力度。激励各类人才在农村施展才华，在创业贷款、项目审批等方面有所侧重，让愿意留在农村干事创业的人更有信心。

117. 培养农村实用人才的途径有哪些?

要加强“三农”工作队伍的教育培训，有效整合各类培训机构，积极推行网络远程教育，不断扩大培训面。应根据不同的岗位，开展分级分类的全覆盖培训，要不断创新培训形式和培训内容，切实增强培训的针对性和实用性。地方可与高校、科研院所、上级农业部门开展合作，定期举办技能提升培训和理论培训，培养造就一批农村实用型人才。

118. 怎样强化科技人才支撑?

全面建立高校、科研院所等事业单位专业技术人员到乡村和企业挂职、兼职和离岗创新创业制度。注重运用市场机制和利益导向，引导鼓励各类科技人才到农村创业创收。健全农业领域科研人员研究成果分配政策，允许农技人员通过提供增值服务合理取酬。鼓励农业科研人员出资或以技术入股方式，联合涉农企业、农民专业合作社等规模化经营主体，建立农业社会化服务公司。实施农技推广服务特聘计划，继续实施科技特派员制度，完善配套政策体系。细分农村实用人才评定认定标准，探索建立农业职业技能等级认定制度。推进农业系列职称制度改革，开展职业农民职称评定试点。

119. 乡村人才队伍建设的对策是什么?

树立价值导向，加大宣传力度。积极利用各类传统媒体和新媒体宣传乡村振兴战略和乡村人才培育的意义和成果，不断壮大社会影响，引导人才流向乡村。发挥典型示范带头作用，召开各类农村人才开发工作经验交流会，推广典型经验，使广大乡村干部和农民群众认识到乡村人力资源的重要性。

以产业为导向，进一步调整乡村人才结构。农村实用人才的开发培养必须与区域功能定位和重点产业发展相结合。不断加强特色经营、休闲农业、乡村旅游等专业实用人才开发培养。注重培养具备现代农产品市场业态管理知识及农业科技知识的领军型、创新型人才。

加快改革农村教育体系。加强农村成人教育和农业职业教育，大力发展农村中等职业教育，兴办与农村经济紧密联系的各类职业学校，紧密围绕农村主导产业、重点项目和农业特点设置课程，采取多种方式，增强针对性。

丰富乡村人才培训形式。集中培训与指导培训相结合。除把农民集中起来，由专家学者进行短期授课讲座外，还应组织专家学者、科技人员下乡，到田间地头现场教学与实践指导。大力吸纳活跃在基层的农村大户、农业科技带头人等“领头雁”进入培训专家团队，发挥他们的“传帮带”作用。积极组织县区级、乡镇级、村组级基层干部和农村实用人才代表外出参观、进修，交流思想，开阔视野。

加强对乡村人才队伍的管理和政策扶持。建立乡村人才登记管理制度，进行整体归档，建立人才库；建立乡村人才自主创业绿卡制度，在建设用地、创业培训、项目立项、减免税费、金融支持等方面给予优惠扶持；对取得重大经济和社会效益的人才，在专业技术任职资格和村、乡录用干部上优先考虑。

120. 山西省新型职业农民培育总体目标和主要任务是什么？

山西省是农业农村部、财政部确定的两个全国新型职业农民培育整省推进试点省之一，省政府把每年10万新型职业农民培训作为今后几年为农民办的五件实事之一，纳入省政府目标责任制考核范围。为推进全省新型职业农民培育工作的深入开展，全面提升农民素质，推动现代农业发展，结合山西省实际，提出目标任务。

总体目标：从2015年起，每年组织培训新型职业农民10万人，到2020年，已培训新型职业农民60万人，使农民科学文化综合素质明显提升；农民教育培训条件和能力建设明显提高，教育培训体系基本形成；对新型职业农民扶持力度不断加大，政策扶持体系基本完善。

主要任务：以培育生产经营型、专业技能型、社会服务型和引领带动型职业农民为主要内容，逐步建立“精细培训、精准培育、严格认定、动态管理”的培育模式和“政策扶持、项目支撑、资金保障、协调推进”的支撑模式，培育认定一批新型职业农民，使其担当起山西省现代农业发展的重担。

121. 山西省教育领域“1+X”证书制度试点指什么？

在院校实施“学历证书＋若干职业技能等级证书”制度试点。

第四章　文化振兴

乡村振兴，文化为魂。文化振兴为乡村振兴提供思想保障、精神动力和智力支持，是乡村振兴的灵魂和保障。

122. 如何理解文化振兴在乡村振兴中的重要意义?

乡村振兴，文化为魂。文化振兴为乡村振兴提供思想保障、精神动力和智力支持，是乡村振兴的灵魂和保障。

文化振兴助力产业兴旺。产业兴旺需要有高素质的人才作为支撑，文化振兴可以提高农民的科技文化水平和生产技能，培养造就有文化、懂技术、会经营的新型农民，为产业兴旺提供智力支持。同时，乡村文化本身就是重要的文化资源，通过对乡村独特文化资源的开发和市场运作，可以形成独具特色的创意农业和特色文化产业，有利于构建农村一二三产业融合发展体系，为实现产业兴旺提供重要支撑。

文化振兴助力生态宜居。实现生态宜居，需要通过宣传教育培养人们的生态保护意识，形成环境友好型的生产方式和低碳的生活方式，树立尊重自然、顺应自然、保护自然的生态文明价值观，做到与自然和谐相处。实现生态宜居，更需要乡村特色文化的底蕴依托。生态宜居不仅要有良好的生态环境，更要体现深厚的文化底蕴，真正做到“望得见山、看得见水、记得住乡愁”。

文化振兴助力乡风文明。倡导现代文明理念和生活方式，提高农民的思想觉悟、道德水准、文明素养和科学文化素质，提振农民的精气神，促进农民养成良好的思维、生活和行为习惯，形成文明乡风、良好家风、淳朴民风，为实现乡村振兴战略提供强大的精神动力。

文化振兴助力治理有效。自治是乡村治理体系的基础，实现自治，必须加强自治能力建设，培育自治文化，养成自治意识，掌握自治方法，提升农民群众自我管理、自我服务水平。法治是乡村治理体系的保障，实现法治，必须培育村民法治意识、法治理念、法治精神，通过法治宣传教育，增强人们遵法、学法、守法、用法的思想意识和行为自觉，养成运用法治思维和法治方式解决问题、化解矛盾的行为习惯。德治则是乡村治理的支撑，实现德治，必须培育和弘扬社会主义核心价值观，发展社会主义先进乡村文化，塑造与时代要求相适应的新的道德标准，大力倡导移风易俗，用诚信、友善、孝德净化乡村，营造风清气正的淳朴乡风。

文化振兴助力生活富裕。生活富裕不仅体现在物质生活的提升，也体现在精神文化生活的丰富。随着农业的发展，农民的物质生活水平不断提高，农民对物质文化方面的要求也日益增加。文化振兴可以为农民提供丰富的文化产品和文化服务，让农民在精神文化层面有更多的充实感、获得感和幸福感。

123. 如何理解文化振兴为乡村振兴提供良好的发展环境?

通过文化振兴形成良好的发展环境，能够有效地凝聚发展力量、激发市场活力和社会创造力，为乡村振兴提供坚实的环境保障。

以文化振兴形成和谐稳定的社会环境。在乡村文化建设中，要注重深入挖掘乡村熟人社会蕴含的道德规范，结合时代要求进行创新。要充分利用文明乡风中的优秀传统文化，如家风、家训、村规民约、道德示范等，强化道德教化作用。引导农民向上向善、孝老爱亲、重义守信、勤俭持家。建立道德激励约束机制，引导农民自我管理、自我教育、自我服务、自我提高，做到家庭和睦、邻里和谐、干群融洽，实现乡村社会充满活力、安定有序，为乡村振兴提供和谐稳定的社会环境。

以文化振兴形成诚实守信的市场环境。诚实守信的市场环境能够有效降低市场交易的成本，避免与减少生产经营活动中的利益冲突和矛盾，是一个地方综合竞争力的核心。在乡村文化建设中，要大力弘扬社会主义核心价值观，推进诚信建设，不断强化农民的社会责任意识和规则意识，形成重诚信、守承诺的良好市场环境。

以文化振兴形成民风淳朴的人文环境。随着我国经济社会的发展，乡村社会文明程度也在不断提高，但仍存在许多陋习，不利于乡村振兴战略的推行和实施。因此，必须加强乡村文化建设，弘扬科学精神，普及科学知识，开展移风易俗、弘扬时代新风行动，倡导现代文明理念和生活方式，培育文明乡风、良好家风、淳朴民风，摒弃传统陋习，自觉抵制腐朽落后文化侵蚀，为乡村振兴提供民风淳朴的人文环境。

124. 如何理解文化振兴为乡村振兴提供智力支持？

人是生产力诸要素中起主导作用的、最革命的、最活跃的因素。农民作为农村经济活动的主体，思想政治素质、科学文化素质的高低以及参与经济建设的积极性等，对农村经济建设有着直接的影响。

强大的精神力量不仅可以促进物质技术力量的发展，而且可以使一定的物质技术力量发挥更大的作用。乡村振兴是一项涉及全面、任务艰巨的战略部署，需要提振农民精气神才能完成。通过文化振兴，以理想信念等精神力量做支撑，能最大限度地调动广大人民群众的积极性、主动性和创造性，激发人的潜能。

125. 乡风文明建设有何意义？

乡风文明作为乡村振兴战略的重要组成部分，乡风文明建设渗透到乡村建设的各个方面，是乡村建设的灵魂所在。乡风文明对建设产业兴旺、生态宜居、治理有效以及生活富裕的乡村具有重要影响，渗透在乡村建设的各个方面，是乡村振兴的重要保障。

培育乡风文明具有重要的现实意义和时代意义。首先，乡村文化建设有利于促进我国社会主义和谐社会建设。通过各种文化惠民举措，丰富乡村文化生活，用科学技术指导农业生产，传承良好家风、民风，提升乡村文明程度，促进平安乡村建设，稳定乡村社会秩序。其次，乡风文明有利于提升我国的文化软实力。我国城乡文化发展差异显著，农村具有优秀的历史文化遗产和文化传承。文化作为一种精神力量，能够凝聚人心、鼓舞人心，提升村民文化水平和全民文化素养。最后，有利于推动农村教育发展。实施农村文化人才培育工程，促进农村素质教育全面发展，为乡村振兴提供智力保障。

126. 农村乡风文明建设面临的困境有哪些？

优秀传统文化的弘扬和传承有待加强。优秀传统文化的传承方式以家族或师徒传授为主，年轻一代传承意愿不足，甚至于有些传统文化走向消亡。由于农村建设资金有限，在资金的分配中大多仍用于基础设施建设，一些古村落古建筑闲置荒废，用于农村优秀传统文化的弘扬和传承方面更少，传统的庙会、节庆等民俗有待于进一步传承发展。

文化发展理念有待提高。实现传统文化开发与现代经济发展有机融合，提高干部对基层文化建设重要性的认识，经济建设和文化建设的投资要平衡，改变只追求经济的GDP的理念，使文化建设和经济建设全面发展。

农村教育发展落后，农民科学文化水平有待提高。与城市教育发展相比，农村基础教育发展总体水平较低，基础薄弱，制约了农村发展进程。

乡村封建陋习仍然存在。在农村个别地区，攀比之风仍有市场，红白喜事大操大办、铺张浪费，给农村家庭带来了负担。

农村文化资源配置不够合理。空心村和留守村的文化设施陈旧闲置，也很难满足广大群众求知、求乐的愿望。

基层参与农村文明创建活动不够积极。一是创建活动标准不高。普遍存在“只求过得去、不求过得硬”的问题，长期在低层次、低水平徘徊。二是创建工作成效欠佳。文明村镇创建“头小、身短、肚子大”的问题仍然没有得到有效解决。三是创建主体动力不足。大批农村年轻劳动力进城务工，美丽乡村建设面临着“靠谁建”的挑战。

127. 怎样加强农村精神文明建设？

以社会主义核心价值观为引领，坚持教育引导、实践养成、制度保障三管齐下。采取符合农村特点的有效方式，持续推进农村精神文明建设。倡导诚信道德规范，促进社会主义核心价值观在农村落地生根。加强农村思想文化阵地建设，提高农民综合素质、提振村民精神状态、提升农村文明程度，使农村精神文明建设发生全面、深刻、根本变化，奠定乡村振兴的思想道德基础。

128. 文化振兴如何践行社会主义核心价值观？

强化教育引导、注重实践养成，有效衔接社会主义核心价值观的思想层和行为层，有效融合村民对社会主义核心价值观的情感认同与行为习惯。

坚持教育引导、实践养成、制度保障三管齐下，通过绘制宣传画册，编印学习手册，采取戏剧、歌舞、晚会、摄影展等符合农村特点的方式方法，发挥“两微一端”（微信、微博、移动客户端）载体功能，广泛开展理想信念教育，深化中国特色社会主义和中国梦宣传教育。

抓好典型示范，精心设计开展农民群众喜闻乐见、主题鲜明、形式多样的文化宣传活动，把社会主义核心价值观送往乡村田间、地头、炕头，充分发挥其敦风化俗、成风育人的教育引导作用。

把社会主义核心价值观融入法制建设，更好地运用法治手段维护公共价值，推动公正文明执法司法，彰显社会主流价值。

129. 农村文化发展与经济社会发展有什么关系?

文化是一个民族的灵魂，也是一个民族的根。从农村经济社会发展来说，文化的作用是其他要素所无法代替的，具体表现在以下几方面：

第一，农村文化建设的加强，对农村经济社会发展中的软实力具有提升作用。由于我国农村经济在近些年的迅猛发展，提升了农民的生活质量，很多农民尤其是带头富裕的农民在改善物质生活、提高经济收入的基础上，也逐渐开始注重精神文化生活。他们迫切希望可以享有平等的文化权益，对其业余生活予以不断丰富，提高自身综合素质，确保自身能够实现全面发展。

第二，农村文化建设的加强，对社会主义新风尚的树立具有重要作用。乡风文明主要表现是农民在科学知识、思想观念、行为操守、道德规范以及文化修养等方面具有与时俱进的观念。目前农村赌博、封建迷信等不良现象依旧存在，而农村文化建设的强化尤为关键。

第三，农村文化建设的加强，对地方特色乡土文化的发掘与保护极为有利。农民耳熟能详、喜闻乐见的民间、民俗文化，对农民精神文化生活具有极大的丰富作用，这些文化是对人民共同生活具有维系作用的一种价值观与世界观，对农村经济社会发展中的地方特色、乡村特色以及民族特色的形成极为有利。

130. 为什么说文化振兴是乡村振兴的牵引力量?

开展乡村文化振兴行动，推动农业现代化，有利于夯实乡村振兴战略的基础。文化的渗透功能，可形成创意农业、观光农业、品牌农业，促进农村一二三产业融合发展，实现传统农业向现代农业转型升级。实施“文化 +”计划，挖掘乡村生态休闲、旅游观光、文化教育价值，积极开发农业多种功能，推动传统农业创造性转化、创新性发展。推动“互联网 +”计划，支持和鼓励农民就业创业，拓宽增收渠道，增加农民获得感。

开展乡村文化振兴行动，坚守田园生活方式，有益于乡村振兴目标的实现。围绕有基础、有特色、有潜力的产业，建设一批集农业文化旅游“三位一体”，生产生活生态同步改善，具有历史记忆、地域特点、民族风情的特色小镇。建设以农民合作社为主要载体，让农民充分参与和受益，集循环农业、创意农业、农事体验于一体的田园综合体。坚持人的城镇化，完善基础设施、公共服务，在构筑产业生态圈的同时，打造宜居环境和创业氛围，把特色小镇宜居宜业的工作方式、生活方式与创新文化、历史文化、农耕文化、山水文化融为一体，在建设美丽中国的进程中打造一种令人羡慕的理想生存状态。

开展乡村文化振兴行动，传承农耕文明精髓，有利于乡村振兴战略的实施。乡村文化是中华优秀传统文化的根和魂，保留着许多农耕文明的基因。要保护和发展有地方特色、民族特色的乡村优秀传统文化，捍卫乡村记忆；把有历史文化价值的传统村落和民居列入保护名录，着力保护古村落和古民宅；重视乡村非物质文化遗产保护，开展农业文化遗产普查与保护；深入挖掘农耕文明的精神价值、美学观念、道德规范、人生智慧，结合时代要求继承创新，让乡村文化展现出永久魅力和时代风采。

131. 如何通过文化振兴助力乡村振兴?

通过发展多元文化产业助力乡村振兴。产业是经济社会发展的基础，也是乡村建设的基础。要加大特色资源、优势资源、闲置资源开发力度，积极探索符合当地实际的产业开发模式，更要充分发挥农村地区的生态优势，坚持“内修人文、外修生态”，着力发展生态文化旅游业。

通过重建乡村文化自信助力乡村振兴。乡村文化自信是指乡村社会主体对乡村文化的一种信心、信念，是乡村居民们对传统文化价值和自己理想信念的充分认定，对本群体文化生命力及其发展前景的充分肯定，是一种发自内心的文化自信心和自豪感。通过一系列的项目打造，能增进农民对乡土文化的认识，促使其客观认知自身文化，在文化产业打造和文化实践活动中感知文化的特点与变迁，对未来文化发展充满信心，从而提振农民建设美好家园的精气神。

通过促进村民文化自觉助力乡村振兴。要坚持以人为本，文化惠民，在了解农民文化需求的基础上，科学引导，完善基础设施，丰富文化活动内容，激发村民参与文化的自觉性、积极性和主动性。充分发挥文化“春风化雨，润物无声”的作用，培育文明和谐乡风，丰富农民生活内容，提高农民整体素质，提升农民生活品质，以文化自觉助力乡村振兴。

132. 乡村文化振兴主要着力点是什么？

把农民致富奔小康作为实现文化振兴的原动力。农村基层文化工作要主动适应广大农民“求富、求知、求乐”的综合性文化需求，在重建农民精神世界、满足农民群众娱乐需求的同时，融入更多的科技、法律、市场知识，让农村群众从活动中学到更多的致富本领，从而更好地激发他们在新农村建设中的主动性和创造性。

要把特色文化建设作为农村文化振兴的切入点。广大农村有着极其丰富的民间文化资源，有的甚至就“活”在广大农民的日常生活中。利用特色文化开展农村文化活动，使其成为传播先进文化的有效载体，实现农村文化创新，群众最容易接受，也最乐于参与。

以队伍建设推动农村文化振兴。要切实加强对农村文化人员的培训，努力提高他们的业务素质，不断增强其自主创新能力。要加强农民业余文化队伍的建设，充分发挥典型示范作用，吸引越来越多的农民关注农村文化建设、参与农村文化建设。

133. 在乡村振兴中，如何坚持物质文明和精神文明一起抓？

深化文化体制改革，建立科学合理、灵活高效的管理体制和文化产品生产经营机制，规范文化市场秩序，保证文化事业和文化产业健康有序发展。

强化法治观念和规则意识，加快立规立法，把精神文明建设要求更多地转化为刚性的法律约束，在推动物质文明健康发展的同时，保证精神文明建设有效提升。

探索实践出一套适应现代社会特别是市场经济发展要求的协调发展机制，确保物质文明建设和精神文明建设能够相互促动、共同进步。

贯彻以人民为中心的发展思想，聚焦于人的全面发展，这是一切工作的核心。新时代坚持物质文明和精神文明一起抓，要坚持农民是建设主体的原则，要有整体规划，要在体系建设上下功夫，在建设路径上做文章，讲好农村故事。

134. 怎样增强农民在公共文化体系中的获得感？

以人为本，满足人的基本文化需求。科学规划，让村民真正成为设施的主人、活动的主体、服务的对象，提升农民的文化获得感。

明确政府责任，做好扶持、投入和监管。从资金、项目、人才、活动、监管等不同角度大力投入，提供指导，加强保障，加强监管，不断扩大供给，提高服务水平。

积极培育和弘扬社会主义核心价值观。以培育和弘扬社会主义核心价值观为目标，在设施建设、产品提供、活动开展中贯穿渗透这条主线，为美丽新农村建设培育社会主义核心价值观。

提高村民文化素养，促进人的全面发展。明确农村公共文化服务的对象及主要任务，把握新时代农民的文化素养现状及发展需求，举办名家讲堂文化活动，有计划地组织外出参观，开阔眼界，解放思想，提升农民的科学文化素养和精神文明素养。

135. 怎样打造农民喜闻乐见的农村公共文化服务体系?

加强设施建设和管理，优化公共服务网络。结合当地实际需求和文化特色，建设公共文化设施。公共文化设施的种类、数量、规模、选址和布局，应当优化配置，形成场馆服务、流动服务和数字服务相结合，覆盖全面、便利可及的公共文化设施网络，满足人民群众基本文化需求。建构专门文化管理队伍，提升文化服务效能，做到“一乡一组织，一村一专人”。

丰富公共文化产品供给，提高公共文化服务效能。要加强公共文化产品创作生产规划，支持和引导优秀公共文化产品的创作生产，加强优质公共文化产品的供给，弘扬社会主义核心价值观。积极推动当地优秀传统文化的创造性转化、创新性发展，支持具有地方特色的文化产品生产和文化活动开展，创建地方文化产品和活动品牌。由人民政府积极组织开展全民阅读、全民普法、全民健身、全民科普、全民艺术普及和优秀传统文化传承及家风培育活动，实施基层特色文化品牌建设项目。

用乡村文化活动满足群众精神文化需求，做到“一乡一礼堂，一村一舞台”。乡镇（街道）规划建设文化礼堂，满足举办文化节庆、人才培训、文体活动等功能需求。建设社区（村）演出舞台，配备灯光、音响等基础设施，为实现从集体文化活动到登台文艺表演的提升提供条件，满足群众文化活动要求。以弘扬传统艺术、传播现代艺术、普及高雅艺术为重点，推动公共文化服务向基层下沉，广泛开展培训、演出、展览、讲座等文化惠民活动。

136. 如何理解乡风文明是乡村振兴的“魂”?

乡村振兴要“塑形”，更要“铸魂”。乡村发展得好不好，不能光看农民口袋里的票子有多少，还要看农民的精神风貌怎么样。淳朴的民风是培育涵养高素质农民的沃土，厚重的乡风可以成为乡村振兴的软实力。乡风文明既是乡村振兴的一个重要目标，也是乡村振兴的灵魂和保障。

137. 为什么说乡风文明推动乡村振兴?

农民是农村的主人，农民素质的高低直接决定了乡村振兴战略的实施效果。加强乡风文明建设能够提高农民的思想道德水平和科学文化素质，提振农民的精气神，促进农民养成良好的思维习惯、生活习惯和行为习惯，充分调动农民实施乡村振兴战略的积极性、主动性和创造性，为实施乡村振兴战略提供强大的动力源泉。相反，如果农民文明素质较低，不良风气盛行，则会严重影响农民的精神状态，从而严重阻碍乡村振兴战略目标的实现。

138. 优秀传统文化的传承发展路径是什么?

保护好传统村落、民族村寨、传统建筑。重塑乡村文化生态，发展乡村特色文化产业。促进农耕文明和现代文明有机结合。

139. 怎样将乡村文化融入村庄建设中?

加大基础投入，筑牢农村文化阵地。从思想上重视、行动上落实、财力上支持农村文化阵地建设，将农村文化阵地建设与城镇化建设和新农村建设相结合，规划和建设好乡镇综合文化服务站和村级文化活动场所。

加大人才培育力度，提高文化服务水平。树立人才是文化发展的重要资源的观念，吸纳一批善于建设、能于建设、乐于建设的文艺工作者和乡土文艺人才，充实农村文化建设队伍。

深入挖掘、保护、丰富民族民间文化，夯实村庄的文化根基。掌握各乡镇民族民间文化的种类、数量、分布状况、生存环境、保护现状等信息，及时采取文字、录音、录像等现代科技手段真实全面地建立档案和数据库，投入资金，扶持民族民间文化传承，进行深入挖掘整理，不断丰富民族民间文化。

创新思路，以农村文化产业带动乡村振兴。采取“走出去、引进来”的方式，通过政策扶持、项目包装、文化推介等举措，发展、做活农村文化产业，并以此繁荣农村文化市场，推进农村文化建设。

140. 如何理解繁荣和发展乡村文化的重要意义？

实施乡村振兴战略是传承中华优秀文化的有效途径。中华文明根植于农耕文化，乡村是中华文明的基本载体。乡村振兴，乡风文明是保障。实施乡村振兴战略要深入挖掘农耕文化蕴含的优秀思想观念、人文精神、道德规范，结合时代要求，在保护传承的基础上创造性转化、创新性发展，有利于在新时代焕发出乡风文明的新气象，进一步丰富和传承中华优秀传统文化。乡村文化振兴，就是在实施乡村振兴战略中，坚持物质文明和精神文明一齐抓，繁荣兴盛农村文化，培育文明乡风、良好家风、淳朴民风，改善农民精神风貌，不断提高乡村社会文明程度，焕发乡村文明新气象。乡村文化振兴要坚定地立足于中华优秀传统文化，秉持科学、客观、礼敬的态度是我们搞好乡村文化的基础。乡村振兴，既要有形，又要有魂，而乡村文化振兴就是乡村振兴的“魂”。

141. 什么是乡村物态文化？

乡村物态文化是指乡村文化中那些可触知的具有物质实体的事物，是乡村居民长期生活所创造的物质产品、创造方式及其表现的文化，是农村有别于城市的显在表现之一，其文化的异质性强烈吸引着城市人，既包括具体的器物，也包括这些器物的生产工艺和技术。比如村落形态与风貌、乡村聚落、乡村建筑、民间民俗工艺品、民族服饰、生产生活资料、劳动产品等，凝聚着一方乡土的文化追求。

142. 什么是乡村制度文化？

乡村制度文化也称乡村社会文化，是乡村基于自身稳定和关系协调，由正式和非正式制度、规则形成的规范体系。它的内容极其丰富，是乡村地区在长期的历史发展过程中，为维护乡村社会稳定、社会秩序、村民和谐相处而约定俗成的伦理道德及礼仪规范。乡村制度文化属于非物态文化，包括社会法律法规、纪律制度、道德准则、社会约定等。

143. 什么是乡村行为文化？

乡村行为文化是乡村社会成员在日常生产生活中慢慢衍生出来的风俗习惯，大致包括了民风民俗、生活习惯、传统文艺表演、传统节日、民间杂技等。如果说乡村物态文化有利于促进乡村产业兴旺，那么乡村行为文化，因其比外来艺术形式有群众基础，而更有利于促进乡村产业兴旺。因此，乡村行为文化是聚集乡村人气、树文明乡风的一大法宝。

144. 什么是乡村精神文化？

乡村精神文化是指乡村作为一个稳定的共同体所具有的共同的心理结构与情感反应模式，通常表现为乡村居民的人生观、价值观等。它潜存于物质文化里，是隐性的，只有通过长期的体验才能领悟，是乡村社会成员在生产生活中逐渐建立起来的价值观念，包括家族文化、宗教文化、乡村审美、孝道文化等。

145. 如何提升乡村文化的经济变现能力？

提升乡村文化的经济变现能力主要涉及乡村文化产业的发展。乡村文化的兴盛之路在提升乡村文化的经济变现能力层面上，应当探索一种“生态—观光—人文—体验”为一体的乡村文化保护、利用的模式，利用古村落、科技农业、田园风光、农业生产景观、绿色生态资源等要素，形成集人文、生态为一体的产业发展方向。而乡村产业的选择应与乡村文化密切相连，并通过产业提升乡村文化的经济变现能力，为乡村社会成员创造以文化为基础的经济收入。

146. 如何构建乡村公共文化服务体系？

按照有标准、有网络、有内容、有人才的要求，健全乡村公共文化服务体系。推动县级图书馆、文化馆总分馆制，发挥县级公共文化机构辐射作用，加强基层综合性文化服务中心建设，实现乡村两级公共文化服务全覆盖，提升服务效能。完善农村新闻出版广播电视公共服务覆盖体系，推进数字广播电视户户通，探索农村电影放映的新方法新模式，推进农家书屋延伸服务和提质增效。继续实施公共数字工程，积极发挥新媒体作用，使农民群众能便捷获取优质数字文化资源。完善乡村公共体育服务体系，推动乡村健身设施全覆盖。

147. 怎样实施农耕文化传承保护工程？

建立农耕文化传承保护名录；建立农耕文化的传承基地（园）；编撰村志；建设民族传统文化生态保护区，开展整体性保护，实行原生态保护，开展生产性保护，实现文化与产业融合；一批文艺家植根于农耕文化土壤，创作一批反映农耕文化和民族风情的代表性文艺作品；组织好活态性保护工作，投入一定的经费，采取抢救、修复、加固等措施，保护好即将消失的特色民居，开展好实物性保护。

148. 如何理解田园综合体将成为乡村人才的集聚地？

田园综合体探索多元化的聚居模式，既保持生态宜居的特色又实现现代居住功能，可吸引吸纳优秀城乡人才。田园综合体将分散人口聚集，便于人口管理，使得人们的生活习惯、思想观念、文明程度得到极大的提升，实现“乡风文明”“治理有效”。并且田园综合体项目内部功能区分清晰，将成为实现城乡基础设施和公共服务均等化的最佳空间，可以为人才提供良好的绿色居住环境。

田园综合体项目是现代化农业的运作模式之一，其一二产业依靠互联网高效接受新政策、新技术、新思路和新商机，打造乡村科技人才队伍，现代农业科技人才与成果反过来提升农业产业与加工制造业，促进农村产业融合发展。田园综合体的第三产业，如旅游、文创等，可培育乡土文化人才，促进乡土文化传承和文化创作，繁荣乡土文化，树立文明乡风。

149. 怎样加强农村思想文化阵地建设？

加强农村思想文化阵地建设，要把农村文化阵地建设作为重点，对接广大群众精神文化生活的多元化需求，进一步加强和改进群众性思想政治工作。深入推进公民道德建设，深化拓展群众性精神文明创建活动，加强文化墙、道德讲堂、文化广场、乡村少年宫、社会主义核心价值观涵育基地等基层文化阵地建设，丰富群众精神文化生活，着力引导广大农民建设美丽乡村，共建共享文明家园。

150. 怎样倡导文明新风，推动乡村文化振兴？

以社会主义核心价值观为引领，培育文明乡风、良好家风、淳朴民风，提高乡村社会文明程度。要“扶智”“扶志”转观念，开展大规模政策宣传，推广“两户见面会”做法，让身边人说身边事，身边人教身边人，让广大农民群众看到农业农村的干头、赚头、奔头，树立勤劳致富、自食其力、自强不息的精气神。

151. 怎样推进移风易俗，建设文明乡风？

提倡喜事新办、厚养薄葬、节俭养德、文明理事的社会新风，遏制红白事大操大办，反对铺张浪费陋习，践行社会主义核心价值观。

按照文明节俭操办婚丧喜庆事宜的“五提倡、五反对”要求，即提倡婚事新办、反对高额彩礼，提倡勤俭节约、反对大操大办，提倡崇尚科学、反对邪教迷信，提倡健康娱乐、反对涉黄赌毒，提倡邻里友善、反对拉帮结派，推进文明乡风建设。

推进移风易俗、建设文明乡风，应重点发挥村民自治作用，提高群众参与度；加强宣传教育，强化价值认同；加强典型示范，注重实践养成；加强制度保障，实施有效管理；推动工作创新，发挥群众创造性。

152. 公民道德建设的内容包括什么？

公民道德建设的内容主要包括社会公德、职业道德、家庭美德、个人品德的教育。加强公民道德建设，应发挥党员干部的模范带头作用，通过举办中国公民道德论坛，礼敬英雄人物，加强对全国重大典型和道德模范、时代楷模的学习宣传，广泛推出最美人物、善行义举和身边好人。建立健全先进模范发挥作用的长效机制。弘扬中华传统美德，创新发展乡贤文化，开展孝敬教育、勤劳节俭教育、文明礼仪教育。加强社会诚信建设，推进诚信建设制度化。弘扬劳动最光荣、劳动者最伟大的观念，加强企业文化建设，培育创新创业精神。

153. 开展群众性精神文明创建活动的意义和特点是什么？

群众性精神文明创建活动是社会主义精神文明建设的重要组成部分，它从兴起到发展，都始终植根于广大人民群众的自觉实践中，体现着群众的利益、愿望和要求，体现着群众的首创精神、参与意识和创造新生活的精神风貌。大力开展群众性精神文明创建活动，对于进一步调动和发挥人民群众的积极性和创造性，推动精神文明建设和物质文明的协调发展有着十分重要的作用。

群众性精神文明创建活动有四个突出特点，即群众性、实效性、综合性和创造性。与此相联系，开展群众性精神文明创建活动，应该遵循四个原则，即群众主体原则、求真务实原则、综合治理原则和开拓创新原则。

154. 如何开展文明创建活动？

深化文明村镇创建活动，进一步提高县级及以上文明村和乡镇的占比。持续推进“美丽乡村·文明家园”示范村建设，做到百村示范、千村达标、万村治理，以“科学统筹、注重质量、从容建设，稳步推进”的原则深化文明村镇创建活动。

持续开展“一墙两榜三活动”（建立一个文化墙，建立善行义举榜、好人榜，开展创建文明家庭、移风易俗、新乡贤文化活动），弘扬中华孝道，强化孝敬父母、尊敬长辈的社会风尚。

重视做好家庭教育，传承良好家风家训，深入开展文明家庭、五好家庭、星级文明户等活动，形成爱国爱家、相亲相爱、崇德向善、共建共享的社会主义家庭文明新风尚。

完善文化科技卫生“三下乡”长效机制。

155. 如何健全公共服务体系？

统筹城乡公共文化设施布局、服务提供、队伍建设、资金保障，推动公共文化资源重点向乡村倾斜。按照“有标准、有网络、有内容、有人才”的要求，健全乡村公共文化服务体系。

发挥县级公共文化机构辐射作用，推进基层综合性服务中心建设，实现乡村两级公共文化服务全覆盖，提升服务效能。鼓励社会力量投资或捐助公共文化设施设备。

完善农村广播电视公共服务覆盖体系，探索农村电影放映的新方法、新模式。实施全国文化信息资源共享工程、国家数字图书馆推广计划等公共数字文化工程，积极发挥新媒体的作用，使农民群众能便捷获取优质数字文化资源。

156. 如何为乡村增加公共文化产品和服务供给？

深入推进文化惠民，为农村地区提供更多更好的公共文化产品和服务。改革公共文化产品和服务的配置模式，把握农村文化服务主体、服务对象、传播媒介变化的新情况、新特点，建立农民群众文化需求反馈机制，及时准确了解和掌握群众文化需求，制定公共文化服务提供目录，以“互联网＋”为基础开展“菜单式”“订单式”服务，将传统的政府“端菜”变成让农民“点菜”。

加强公共文化服务品牌建设。打造一批规模机动、场地流动、内容生动的文艺团体和节目，开展一些多样性、鲜活性、精准性、大众性的文化宣传，加快形成具有鲜明特色和社会影响力的农村公共文化供给端，以富有时代感的内容形式，吸引更多群众参与文化活动。以农村特殊群体为重点，面向农村实施文化帮扶项目，为农村留守妇女儿童、老年人和返乡农民工等提供适宜的文化产品和服务。

支持“三农”题材文艺创造生产。鼓励文艺工作者推出反映农民生产生活尤其是乡村振兴实践的优秀文艺作品，努力打造“留得住乡情、记得住乡愁”的美丽乡村。

在农村积极开展健身、科普和法治文化活动，推动全民阅读活动进农村、进家庭。

157. 如何开展乡村群众文体活动?

完善群众文艺扶持机制，鼓励农村地区自办文化，成立各类群众文化团队，注重发挥乡土文化能人的示范引领作用，加强规划引导、典型示范、挖掘培养乡土文化本土人才，打造一支懂文艺、爱农村、爱农民，专兼职相结合的农村文化工作队伍，开展形式多样的宣传教育、科学普及和文化娱乐活动，充分发挥文化富民、育民、乐民的作用。

深入推进“戏曲进乡村”工程，组织各类文艺演出团体深入农村基层，为农民提供多种形式的文艺演出，通过组织示范性展演等形式，为农村文化队伍提供更多展示交流的平台。

传承和发展民族、民间的传统体育，广泛开展形式多样的农民群众性体育活动。围绕传统节日，创新性地开展各种群众性民俗活动，丰富农村文化业态，活跃繁荣农村文化市场。

158. 怎样加强传统农耕文化保护?

应重点实施农耕文化传承保护工程，包括建立保护名录、农耕文化传承基地（园）、民族传统文化生态保护区以及开展生产性保护等。通过挖掘农耕文化中蕴含的优秀思想观念、人文精神、道德规范，充分发挥其在凝聚人心、教化群众、淳化民风中的重要作用。

保护好文物古迹、古村落、农业遗迹、灌溉工程遗产等。

实施好非物质文化遗产传承发展工程，进一步完善非物质文化遗产保护制度。

159. 如何提升农村乡土文化建设？

挖掘抢救优秀乡土文化资源，全面启动乡村文化记忆工程。对乡村历史脉络、文化烙印、传承村落和乡风民俗等文化资源进行调查和整理。在文化原生地保护、展示、宣传和传承优秀文化遗产，搜集汇总乡土文化的事物和资料，整理形成乡土文化档案和数据库，为更好地利用文化资源打好基础。

实施非物质文化遗产传承发展工程，完善非物质文化遗产保护制度。鼓励各地出台相应配套政策，深入开展各种展示活动，丰富传统节日文化内涵，提升社会团体的参与积极性，增强人民群众对非物质文化遗产工作的认同感和保护意识。以乡村手工业、建筑业和民间文艺为重点，把国家的非物质文化遗产传承人群研修研习培训计划延伸到乡村，帮助非物质文化遗产项目传承人群强基础、拓眼界、增学养，提高文化自信、传承实践能力和可持续发展能力，培养一批乡村工匠、文化能人和非物质文化遗产传承人。在具备条件的农村地区设立非物质文化遗产综合性传习中心、传习所和传习点，推动文化生态保护区建设。

160. 如何加强传统村落传承及保护？

做好传统村落调查工作，建立传统村落名录制度，对传统村落的保护状况和规划实施进行跟踪监测，并实行分级管理，促进传统村落的保护、传承和利用。

制定出台《传统村落保护发展管理办法》，实施传统村落保护工程，加大对古镇、古村落、古建筑、农业遗迹等物质文化遗产的保护力度，坚持保护中发展、发展中保护的原则，将传统村落保护与开展农村危房改造、实施乡村清洁工程、发展特色产业、保护生态环境有机结合，积极推进文化遗产的合理适度利用，探索传统村落遗产保护与文化传承新业态、新模式、新路径。

161. 如何重塑农民“以乡土为本”的价值观？

重塑农民“以乡土为本”的价值观，更重要的是要激发广大农民主体的自觉性和主动性，要让居住在农村的群众有幸福感和文化认同感，并在此基础上引导农民建立具有自主性和伸展性的现代乡村文化新认同。

一是要将社会主义核心价值观作为规范乡村文化价值体系的指导价值观。将适合乡村优秀传统文化传承的价值理念传递给农民群众，引领农民树立积极向上的精神风尚、道德观念。

二是要用文化的方式来重建文化。结合现代文化中的积极因素，重建中国乡村新文化，转变农民对待知识和开放的态度，实现农民观念的现代化转变。

三是要丰富乡村精神文化生活。组织富有乡土风情的文艺活动，增强农民群众对乡村的归属感以及对乡土文化的认同感。

162. 如何加快乡村艺术人才培养？

人才队伍是农村文化建设事业的主体，繁荣农村群众文化生活、发展文化事业与文化产业，离不开一支业务强、素质精的文化队伍。

一是要抓好农村业余文化骨干队伍建设，传承发展民间音乐、地方戏曲、民间舞蹈、地方曲艺。完善专家参与机制，鼓励专家进村入户，形成一支稳定的专家队伍。

二是充分发挥乡贤的重要作用，引导他们参与传统村落保护和弘扬优秀传统乡土文化。

三是引导企业家、文化工作者、退休人员、文化志愿者等投身乡村文化建设，开发乡村历史文化、民俗文化、生态文化等多种元素。

四是吸引优秀人才尤其是文化旅游创意人才参与乡村建设，深挖历史底韵，弘扬人文之美，重塑诗意闲适的人文环境和天蓝草青的居住环境，重现原生田园风光和乡情乡愁。

163. 怎样抓好农村业余文化骨干队伍建设？

制定和完善乡（镇）、村两级文化管理规章制度，稳定和发展专、兼职相结合的农村文化队伍，因地制宜，分类指导，促进农村文化的健康发展。因农时而定，举办各类人才培训班，培养农村文化骨干。抓好业余文化演出队、红白喜事服务队建设。

164. 如何留住乡村文化传承载体？

紧密结合特色小镇、美丽乡村建设，深入挖掘乡村特色文化符号，盘活地方和民族特色文化资源，保护传承各具特色的民居、民宿原生形态，使特色化、差异化的优秀乡土文化得到传播、传递、传达和传承。

要留住乡愁，保留乡村的“原汁原味”，保留乡村特色的风格风貌，保持乡村风格的多姿多彩。

要进一步恢复、完善公共空间建设，包括古老的庙宇、祠堂、戏台等传承中华民族精神的空间；传统的婚丧礼仪、庙会活动、节日表演等传承中华民族精神的形式和媒介。

要留住乡村文化传承的“活体”，乡村文化和精神走向要得以延存，关键在于农民。要让外出打工的农民回归乡村，让领略美丽乡村风采的城里人自己体验、赏读、驻足乡村，让自然与人文各美其美，美美与共，让居住在农村的人充满幸福感和自豪感。以形神兼备为导向，注重保持村庄赖以生存发展的整体空间形态，注重保护历史文化资源和传统建筑，注重传承民风民俗和生产生活方式，努力保持村庄的完整性、真实性和延续性，留住乡土气息，焕发乡村魅力。

165. 怎样重塑乡村文化生态？

中国的乡村文化是中国整体传统文化的最生动的体现，无形中影响着人们的价值观、生活方式、交往特征、风俗习惯等。可以说，乡村文化是乡村的血液，美丽乡村是美丽中国的根基。在现代与传统的文化价值冲突、碰撞过程中，要重塑乡村文化，激活美丽中国的生命圈子，为美丽中国建设提供源源不断的动力。通过留住乡村文化传承载体、重塑农民“以乡土为本”的价值观、以文化惯性保持乡村文化多样性以及加快乡村艺术人才培养等措施，重塑乡村文化生态。

166. 完善乡风文明建设长效机制的主要对策有哪些？

在开展乡风文明建设过程中，机制起着基础性、根本性的作用。有了良好的体制机制，才能在外部条件发生不确定变化时，能自动地迅速做出反应，调整原定的策略和措施，实现优化目标。因此，为了更好地开展乡风文明建设，就要在建立健全和完善各项制度的基础上，采取有效措施和办法创新机制，用新机制管理约束干部、群众，加强薄弱环节，完善岗位体系，分清责任，加强考核激励，充分调动广大干部群众的积极性和创造性，使各项建设环环相扣，推进规范化、制度化建设。主要对策有完善领导体制机制、完善评估考核机制以及实施文化服务主体多元化机制。

167. 山西省乡风文明建设的主要内容有哪些？

全面提升农民文明素养。主要通过加强思想文化建设、树立乡村文明新风、倡导诚信道德规范来全面提升农民文明素养。持续推进农村精神文明建设，促进社会主义核心价值观在农村落地生根，提高农民综合素质，提振村民精神状态，提升农村文明程度，奠定乡村振兴的思想道德基础。

传承弘扬优秀传统文化。主要通过传承优秀传统文化、重塑乡村文化生态、发展乡村文化产业，传承弘扬山西优秀传统文化。立足乡村文明，充分发挥山西历史悠久、底蕴深厚的文化资源优势，在保护传承的基础上不断赋予时代内涵，让裴氏家风、陈廷敬家训、于成龙家训、晋商精神和右玉精神等优秀社会文化在新时代展现其魅力和风采。

大力提升乡村文化品质。主要通过强化农村公共文化服务、优化农村公共文化供给、丰富农村群众文化生活，提升乡村文化品质。推动城乡公共文化服务体系融合发展，增加优秀乡村文化产品和服务供给，繁荣农村文化市场，为广大农民提供高质量的精神产品。

168. 山西省“五个一批”群众文化惠民工程指什么？

打造一批群众文化惠民服务品牌，培育一批乡村群众文艺队伍，挖掘一批乡土文化能人艺人，培养一批乡村文化带头人，配送一批专业文艺演出。

第五章　生态振兴

乡村振兴生态宜居是关键，坚持人与自然和谐共生，走乡村绿色发展之路，让良好生态成为乡村振兴的重要支撑。

169. 如何理解乡村生态振兴的重要意义?

乡村生态环境是农业生产和新农村建设发展的基础性条件，是广大农民赖以生存的生产生活环境。良好的生态环境必然会成为农村的最大优势和宝贵财富。保护和改善农村生态环境，优化农民的生活环境，建设家园美、田园美、生态美、生活美的美丽宜居乡村，对真正实现繁荣农村经济和建设美丽乡村的美好愿望，具有极其重要的现实意义。

第一，生态振兴是实现人与自然和谐共生的内在要求。人类发展，经历了从依附自然到利用自然，再到人与自然和谐共生的过程。人因自然而生，人与自然是一种共生关系，对自然的伤害最终会伤及人类自身。对于生态环境破坏日益严重的农村来说，只有守得住自然的绿水青山，才能实现人的美好生活。建设生态宜居乡村，就是要推动乡村的绿色发展，在尊重自然、顺应自然、保护自然的基础上加快自然资本的增值，实现百姓富、生态美的统一。

第二，生态振兴是全面建设社会主义现代化国家的必然选择。社会主义现代化是人与自然和谐共生的现代化，既要创造更多物质财富和精神财富以满足人民日益增长的美好生活需要，也要提供更多优质生态产品以满足人民日益增长的优美生态环境需要。党的十九大报告提出实施乡村振兴战略，就是要通过采取强有力的举措，切实改变农业农村落后面貌，补齐农村这块全面建设小康社会的短板。

第三，生态振兴是打赢脱贫攻坚战的有力措施。党的十九大把坚决打好精准脱贫攻坚战作为决胜全面小康的三大攻坚战之一。精准扶贫的理念就是要把生态保护放在优先位置，强调绿水青山就是金山银山，不以生态为代价，在人与自然的和谐共生中探索扶贫新路子。因此，改善农村生态环境也是精准扶贫。

第四，生态振兴是深化农业供给侧改革的重要内容。推进农业供给侧结构性改革，促进农业农村发展由过度依赖资源消耗来满足量的需求，向追求绿色生态可持续注重满足质的需求转变，有赖于农村环境的彻底改善。目前，农村的定位正在发生变化，不仅提供农副产品，而且要提供生态产品，并使之商品化。农村环境的改善本身就提供了新的产品，构成了供给侧改革的一部分。

170. 生态文明建设的战略任务是什么？

优化国土空间开发格局。要按照人口资源环境相均衡、经济社会生态效益相统一的原则，控制开发强度，调整空间结构，促进生产空间集约高效、生活空间宜居适度、生态空间山清水秀，给自然留下更多修复空间，给农业留下更多良田，给子孙后代留下碧水蓝天的美好家园。加快实施主体功能区战略，推动各地区严格按照主体功能定位发展，构建科学合理的城市化格局、农业发展格局、生态安全格局。提高海洋资源开发能力，坚决维护国家海洋权益，建设海洋强国。

全面促进资源节约。节约集中利用资源，推动资源利用方式根本转变，加强全过程节约管理，大幅降低能源、水、土地消耗强度，提高利用效率和效益。推动能源生产和消费革命，支持节能低碳产业和新能源、可再生能源发展，确保国家能源安全。加强水源地保护和用水总量管理，建设节水型社会。严守耕地保护红线，严格土地用途管制。加强矿产资源勘查、保护、合理开发。发展循环经济，促进生产、流通、消费过程的减量化、再利用、资源化。

加大自然生态系统和环境保护力度。实施重大生态修复工程，增强生态产品生产能力，推进荒漠化、石漠化、水土流失综合治理。加快水利建设，加强防灾减灾体系建设。坚持预防为主、综合治理，以解决损害群众健康突出环境问题为重点，强化水、大气、土壤等污染防治。坚持共同但有区别的责任原则、公平原则、各自能力原则，同国际社会一道积极应对全球气候变化。

加强生态文明制度建设。把资源消耗、环境损害、生态效益纳入经济社会发展评价体系，建立体现生态文明要求的目标体系、考核办法、奖惩机制。建立国土空间开发保护制度，完善最严格的耕地保护制度、水资源管理制度、环境保护制度。深化资源型产品价格和税费改革，建立反映市场供求和资源稀缺程度、体现生态价值和代际补偿的资源有偿使用制度和生态补偿制度。加强环境监管，健全生态环境保护责任追究制度和环境损害赔偿制度。加强生态文明宣传教育，增强全民节约意识、环保意识、生态意识，形成合理消费的社会风尚，营造爱护生态环境的良好风气。

171. 如何理解生态宜居?

所谓生态宜居，就是要适应生态文明建设要求，因地制宜发展绿色农业，搞好农村人居环境综合整治，尽快改变许多地方农村污水乱排、垃圾乱扔、秸秆乱烧的脏乱差状况，大力改善水、电、路、气、房、信等基础设施，统筹山、水、林、田、湖、草保护建设，保护好绿水青山和清新清净的田园风光，促进农村生产、生活、生态协调发展。

172. 怎样建设田园生态系统?

保护和维持田园生态系统的完整性和农田生物多样性。注重保护和开发农业的多功能性。开展乡村地区生物多样性调查，划定保护区域。构建田园生态系统建设的长效机制。

173. 乡村生态保护与修复实施哪些重大工程?

乡村生态保护与修复实施了国家生态安全屏障保护与修复，大规模国土绿化，草原保护与修复，湿地保护与修复，重点流域环境综合治理，荒漠化、石漠化、水土流失综合治理，农村土地综合整治，重大地质灾害隐患治理，生物多样性保护，近岸海域综合治理，兴林富民行动，等等。

174. 如何实现生态产品的价值？

生态产品来自自然生态系统，无论是原始的生态系统，还是经过人类改造后的生态系统，实质上是一种生态系统服务，具有公共物品性、价值多维性、外部性、持续性等特征。生态产品包括清新的空气、清洁的水源和宜人的气候等。生态产品可以直接被人类消费，也可以通过发展生态利用型产业，生产生态友好型产品，间接实现生态价值。

不管是农村还是城市，生态产品价值都呈上升趋势，需要充分认识生态产品的价值属性，积极探索实现路径，发展生态农业、生态工业、生态服务业，靠创新增强生态产品生产能力，激发绿色发展新动能，通过机制活、产业优来实现百姓富、生态美。

175. 怎样构建科学合理的跨区域生态补偿机制？

结合国土空间规划，以“生态—经济”紧密联系为重要依据，划定以流域、生态功能区、城市群等为对象的跨地区生态补偿区。各生态补偿区设立跨地区的综合生态补偿机构，审核审定生态补偿标准，审议各地区生态贡献，促进地区之间沟通协调，引导生态受益地区通过资金补助、产业转移、人才培训、共建园区等方式对保护地区实施补偿。

与实施主体功能区规划、国土空间规划相结合，厘清地区之间的生态关系。构建生态贡献评价指标体系，科学界定各地区保护者与受益者的权利和义务，设置地区“生态财政”库，对于森林、草原、湿地、荒漠、海洋、水流、耕地等方面的各项指标制定统一标准，并统一监测方法、监测时间等，予以年度公报和年度考核，建立生态保护补偿标准体系。

扩大跨地区横向生态补偿范围。我国已将森林、草原、湿地、荒漠、海洋、水流、耕地等纳入生态补偿重点任务领域，将各类禁止开发区域、重要生态屏障等作为完善补偿机制的重点生态区域，提出在长江、黄河等典型流域和在京、津、冀水源涵养区等开展跨地区生态保护补偿试点。在大力推进生态文明建设中，可考虑在推进国土空间规划的同时，鼓励各生态补偿区内进行地区之间的协商沟通，健全资源开发补偿制度、碳排放权抵消机制等。开展跨地区生态补偿，建立地区之间的绿色利益分享机制，实现区域生态共建共享。

176. 怎样认识农业清洁生产？

农业清洁生产是指应用生物学、生态学、经济学、环境科学、农业科学、系统工程学的理论，运用生态系统的物种共生和物质循环再生等原理，结合系统工程方法所设计的多层次利用和工程技术，并贯穿整个农业生产活动的产前、产中、产后过程。通过实施基本农田建设、庭院生态经济开发、农业废弃物综合利用、农业污染控制等工程，推广适用的生态农业技术模式，建立无公害农产品生产基地，创绿色食品品牌，来实现农业清洁生产。

177. 怎样建设种养结合循环农业示范工程？

种养结合是种植业和养殖业紧密衔接的生态农业模式，是将畜禽养殖产生的粪污作为种植业的肥源，种植业为养殖业提供饲料，并消纳养殖业废弃物，使物质和能量在动植物之间进行转换的循环式农业。要着力推进饲草基地标准化、养殖场“三改两分”标准化、屠宰场废弃物循环利用标准化、畜禽粪便循环利用、农作物秸秆综合利用等项目，建设种养结合循环农业示范工程。

178. 如何推动农业绿色发展？

推动农业绿色发展是新发展理念在农业农村现代化进程中的具体体现、农业发展新阶段的现实选择、推进农业国际化的客观需要，也是实施乡村振兴战略的重要引领、落实乡村振兴战略的关键举措。

一是构建绿色农业产业结构。实施乡村振兴战略，推动产业兴旺是重点。必须牢固树立和践行“绿水青山就是金山银山”的理念，坚持绿色兴农，以农业供给侧结构性改革为主线，加快构建节约资源和保护环境的乡村产业结构，既要产业生态化，也要生态产业化，让“绿水青山”真正变成“金山银山”。

二是强化农业资源保护和利用。农业资源环境是确保国家粮食安全和主要农产品有效供给的物质基础，也是农产品质量安全的源头保障。当前，我国农业资源环境形势面临诸多严峻挑战，必须从加强生态文明建设的战略高度出发，努力推动农业资源环境保护利用工作不断上新台阶。

三是推进农业清洁生产。农业清洁生产是农业发展的一种新模式，其目的是通过生产和使用清洁能源和原料，改善管理和监控体系，减少农产品生产过程中的各种污染，以满足农业生产的需要。如果将循环理念融入农业生产方面，实现“资源—产品—废弃物—再生资源”循环利用，就可以从源头上减少农业污染，形成投入品减量化、生产清洁化、废弃物资源化、产业模式生态化，从而实现绿色生产与生态环保的良性互动。

179. 如何加大乡村生态系统保护力度？

乡村生态系统是一个以自然为主的半人工生态系统，兼有生产、生活、生态和文化四大功能，是人类社会生存、生产和发展的基础。因此，乡村生态振兴，必须树立生态保护意识，加大乡村生态保护力度。

一要加强农产品产地环境保护。首先应加强污染源头治理，严格执行环境标准，控制重金属污染物进入农田，同时要加强灌溉水质管理，严禁工业和城市污水直接灌溉农田。其次要开展耕地土壤污染状况详查，实施风险区加密调查、农产品协调监测，进一步摸清污染状况，明确防治重点。最后应分区域、分作物品种建立受污染耕地安全试点，合理利用被轻度污染的耕地，采用水肥调控、土壤调理和品种替代等安全利用措施，推进受污染地安全利用。严格管控重度污染耕地，禁止农产品生产，实施种植结构调整和退耕还林还草。

二要加强黄河流域生态保护。抢抓政策机遇，统筹推进黄河流域的乡村振兴。由于历史、自然条件等原因，黄河流域经济社会发展相对滞后，特别是上中游地区和下游滩区，是我国贫困人口相对集中的区域。积极支持黄河流域乡村打赢脱贫攻坚战，解决好流域居民特别是少数民族群众关心的防洪安全、饮水安全、生态安全等问题。要坚持山水林田湖草综合治理、系统治理、源头治理，统筹推进乡村振兴，加强协同配合，推动黄河流域高质量发展。要树立“绿水青山就是金山银山”的理念，坚持生态优先、绿色发展，以水而定、量水而行，因地制宜、分类施策，上下游、干支流、左右岸统筹谋划，共同抓好大保护、协同推进大治理，着力加强生态保护治理，保障黄河长治久安，促进全流域高质量发展，改善人民群众生活，保护传承弘扬黄河文化，让黄河成为造福人民的幸福河、助推乡村振兴的新动能。

三要推动农业资源养护。耕地、淡水和农业生物资源是农业发展的基础，加强农业资源养护是实现农业可持续发展、农业生态振兴的关键。一是加快发展节水农业，统筹推进高标准节水农业示范区建设，推广节水品种，推广喷灌滴灌、水肥一体化等旱作农业技术。二是加强耕地质量保护与提升。全面提升耕地质量，加强农田水利基本建设，加强旱涝保收、高产稳产高标准农田建设。以任务精准落实到户、补助资金精准发放到户为重点，完善轮作休耕制度。三是强化农业生物资源保护。加强水生野生动植物栖息地和水产种质资源保护区建设，大力实施增殖放流，完善休渔禁渔制度，合理布局水产养殖空间，深入推进绿色健康养殖，严厉清理整治“绝户网”。加强种质资源收集与保护，防范外来生物入侵。

四要严守生态保护红线。在重点生态功能区、生态环境敏感区和脆弱区等区域划定生态保护红线，充分发挥生态保护红线空间管控的基础作用，严格落实生态保护红线管控要求，将生态保护红线作为政府宏观调控、产业空间准入的重要抓手，确保红线区生态功能不降低、面积不减少、性质不转换，构建绿色生态屏障。

180. 如何推进乡村生态系统修复整理？

生态修复主要是指利用生态工程学或生态平衡、物质循环的原理和方法，改善受污染、受破坏的生态系统。党的十八大以来，我国生态文明建设之所以取得显著成效，一个重要原因就是实施重大生态保护和修复工程。因此，建设美丽乡村应科学把握生态修复的重要作用和实施路径。

第一，统筹山水林田湖系统治理。生态是统一的自然系统，是各种自然要素相互依存而实现循环的自然链条。人的命脉在田，田的命脉在水，水的命脉在山，山的命脉在土，土的命脉在树。坚持自然保护优先、自然恢复为主，按照自然生态的整体性、系统性及其内在规律，统筹考虑自然生态各要素以及陆地海洋、山地平原、上中下游、地上地下，进行整体保护、系统修复和综合治理，尽快提升其生态功能，维护生态平衡和持久生产力，给子孙后代留下天蓝、地绿、水净的美好家园。

第二，建设健康稳定的田园生态系统。田园生态系统是乡村整个生态系统的重要组成。加强对耕地、草原、渔业水域、湿地等用途的管控力度，严控围湖造田、滥垦滥占草原等不合理开发建设活动对生态资源环境的破坏。开展农业资源休养生息，探索与现代农业相适应的田园生态系统保护与修复模式，因地制宜制定禁止和限制发展产业目录，推动农、林、牧融合发展，明确产业发展方向和开发强度，促进田园生态系统内中间产品和废弃物的交换和连接，构建生态循环的田园生产体系，着力打造农产品供给保障有力、资源利用高效、产地环境良好、生态系统稳定、田园风光优美的农业可持续发展新格局，提升生态系统健康与永续发展水平，提高生态系统生态产品供给能力，不断满足人民日益增长的优美生态环境需要。

第三，健全重要生态系统保护制度。完善天然林和公益林保护制度，进一步细化各类森林和林地的管控措施或经营制度。完善草原生态监管和定期调查制度，严格实施草原禁牧和草畜平衡制度，全面落实草原经营者生态保护主体责任。完善荒漠生态保护制度，加强沙区天然植被和绿洲保护。全面推行河长制、湖长制，鼓励将河长、湖长体系延伸至村一级。推进河湖饮用水水源保护区划定和立界工作，加强对水源涵养区、蓄洪滞涝区、滨河滨湖带的保护。严格落实自然保护区、风景名胜区、地质遗迹等各类保护地保护制度，支持有条件的地方结合国家公园体制试点，探索对居住在核心区域的农牧民实施生态搬迁试点。

第四，健全生态保护补偿机制。加大重点生态功能区转移支付力度，建立省以下生态保护补偿资金投入机制。完善重点领域生态保护补偿机制，鼓励地方因地制宜探索通过赎买、租赁、置换、协议、混合所有制等方式加强重点区位森林保护，落实草原生态保护补助奖励政策，建立长江流域重点水域禁捕补偿制度，鼓励各地建立流域上下游等横向补偿机制。推动市场化、多元化生态补偿，建立健全用水权、排污权、碳排放权交易制度，形成森林、草原、湿地等生态修复工程参与碳汇交易的有效途径，探索实物补偿、服务补偿、设施补偿、对口支援、干部支持、共建园区、飞地经济等方式，提高补偿的针对性。

181. 推进宜居乡村建设的路径有哪些?

抓好生态优质化，推动宜居乡村“持久美”。

抓好服务人性化，实现宜居乡村“软件美”。

抓好管理有序化，造就宜居乡村“规范美”。

抓好产业集约化，促进宜居乡村“发展美”。

抓好民风文明化，培育宜居乡村“内在美”。

182. 如何理解“绿水青山就是金山银山”这一生态理念?

习近平总书记指出：“我们既要绿水青山，也要金山银山。宁要绿水青山，不要金山银山，而且绿水青山就是金山银山。”这段话高度浓缩而又精准地概括出了“绿水青山就是金山银山”这一生态文明新理念的深刻内涵，也高屋建瓴地指明了我们今后的发展方向与价值次序，坚定了生态文明建设与生态文明发展的信心。

“绿水青山就是金山银山”，是一个影响深远的生态文明新理念，这一生态文明新理念既高瞻远瞩，又切实可行，不仅成为我国“五位一体”总体布局和“四个全面”战略布局的重要内容，更在世界范围内产生广泛影响与共鸣，为促进世界环境保护理念与行动的提升做出了卓越的贡献。

当前，我国社会主要矛盾已经转化为人民日益增长的美好生活需要和不平衡不充分的发展之间的矛盾。对美好生活的向往，既包括物质生产力和经济效益之间均衡充分的发展、个人物质财富的增长，也包括对美丽和谐的人居环境、生产生活环境的期许。“绿水青山就是金山银山”理念秉承经济发展与生态环境保护相互支撑、互融互促的思维方式，倡导通过发展绿色经济、循环经济、低碳经济助推产业结构优化升级，在转变经济发展方式、推动经济持续发展的同时给人民群众创造更为优越的生活品质。践行这一理念，将在不断推动解决新时代我国社会主要矛盾中实现经济发展与生态环境保护共进共赢，为通往和实现人的全面发展创造必要条件。

“绿水青山就是金山银山”理念是重要的发展理念，也是推进现代化建设的重大原则，为人民群众正确认识和改造自然，建设社会主义生态文明提供理论指引。认真贯彻践行这一理念，不仅有助于创造良好生产、生活环境，更能以绿色生产生活方式突破制约经济社会发展和人民生活水平的环保瓶颈，助推经济结构优化转型。“绿水青山就是金山银山”理念侧重于向人文指标、资源指标、环境指标等社会发展的基本价值维度延展，助力实现经济结构更优、生态环境更好、生活质量更高。这一理念将为建设美丽中国，实现社会主义现代化强国宏伟目标提供源源不绝的内在动力，从而助力开创新时代中国特色社会主义事业新局面。

“绿水青山就是金山银山”理念坚持以人民为中心，是从根源上化解生态环境危机的新理念。在这一理念中，生态系统获得了相对独立的意义，经济体系与生态体系不再是“主一客”的两分与对立，而是相互促进的统一体。这一理念丰富和拓展了处理世界经济发展与生态环境保护关系的思想和战略，为广大发展中国家破解经济发展中的生态环境难题提供了有益理论借鉴和经验示范，也为推动全球生态治理、化解全球生态危机、维护全球生态安全、构建人与自然和谐共处、清洁美丽的世界贡献了中国智慧和中国方案。

183. 走乡村绿色发展之路对乡村振兴的重要意义是什么？

建设美丽中国离不开美丽乡村。实施乡村振兴战略，树立和践行绿水青山就是金山银山的理念，坚持尊重自然、顺应自然、保护自然，统筹山水林田湖草系统治理，加快推行乡村绿色发展方式，加大农村人居环境治理力度，有利于建设生活环境整洁优美、生态系统稳定健康、人与自然和谐共生的生态宜居美丽乡村。

建设生态宜居的美丽乡村。一方面，要以生态环境友好和资源永续利用为导向，推动形成农业绿色生产方式，实现投入品减量化、生产清洁化、废弃物资源化、产业模式生态化，推进农业绿色发展；另一方面，要以农村垃圾、污水治理和村容村貌提升为主攻方向，持续改善农村人居环境。同时，还要加强乡村生态保护与修复，完善重要生态系统保护制度，促进乡村生产生活环境稳步改善，生态产品供给能力进一步增强。

184. 如何理解山水林田湖草是一个生命共同体？

山水林田湖草是一个生命共同体。人的命脉在田，田的命脉在水，水的命脉在山，山的命脉在土，土的命脉在树。如果种树的人只管种树，治水的只管治水，护田的只单纯护田，很容易顾此失彼，从而造成生态的系统破坏。必须按照生态系统的整体性、系统性及其内在规律，统筹考虑生态各要素，山上山下、地上地下、陆地海洋以及流域上下游整体保护、系统修复、综合治理。

185. 乡村生态失衡的主要原因有哪些？

农药不合理使用，化肥不合理使用，农膜残留问题，高污染企业转移到乡村带来的生态环境问题。

186. 乡村自然资源怎样分类？

以耗竭性为标准，可以划分为耗竭性资源和非耗竭性资源。耗竭性资源分为再生资源（土地资源、森林资源、作物资源、畜牧及饲料资源、动物资源、水产渔业资源、生物遗传资源）和非再生资源（可重复利用资源、不可重复利用资源）；非耗竭性资源分为恒定资源（太阳能资源、原子能资源、潮汐能资源、风能资源、热能资源、大气资源）和易污染资源（水利资源、自然旅游资源）。

187. 乡村耕地有哪些功能？

生产功能。集中表现在保障粮食安全上。

生态功能。耕地和林地、草地、湿地一样，具有调节气候、产生和保护生物多样性以及维持生态系统稳定性的功能。

文化功能。农耕景观是人与自然取得某种融合的大地景观，且存在明显的地域差异，具有审美、教育、文化传承等功能。

188. 如何统筹实现土地的集约利用？

土地的集约利用主要包括三个方面。

一是土地产出高效化。不断增加存量土地投入，提高土地利用率，获得土地产出的最大化。

二是土地布局和土地结构合理化。土地利用方式之间高效协作。

三是土地利用效益的综合化。土地利用在追求经济效益的同时，应体现经济、社会和生态效应的统一。

189. 减少农药使用量的具体措施有哪些？

关键是落实“三个改进、三个推进、三个减少和一个提高”。“三个改进、三个推进”指的是，一是要改进防控理念，推进绿色防控。二是要改进施药技术，推进科学用药。三是要改进组织方式，推进统防统治。“三个减少”是指要努力实现减少施药次数、减少施药剂量、减少农药流失。“一个提高”指的是要提高防治效果。

190. 什么是种养结合模式？

种养结合是一种结合种植业和养殖业的生态农业模式。是将畜禽养殖产生的粪便、有机物作为基础有机肥，为种植业提供有机肥料。种植业生产的作物又能够给畜禽养殖提供饲料。

191. 乡村如何提升种养结合水平？

提升科技水平和标准体系，健全畜禽粪污还田利用和检测方法标准体系。加大有机肥、沼肥施用装备研发推广力度。引导国家现代农业示范区、农业可持续发展试验示范区和现代化农业产业园率先实现农牧循环发展，带动形成一批种养结合的典型模式。

寻求合作伙伴，探索新型产业模式，支持第三方处理机构和社会服务组织发挥专业、技术优势，建立有效的市场运行机制，引导企业提供可持续的商业模式和盈利模式，构建种养循环发展机制。

192. 提高秸秆综合利用水平的途径是什么？

秸秆的高效回收和储运是综合利用的前提，因此需要乡村因地制宜采取措施，提升秸秆回收储运能力。

拓宽思路，挖掘秸秆的多元利用渠道。

秸秆的综合利用不能一哄而上、参差不齐，需要标准化、规范化，因此还需要制定和完善综合利用的统一标准。

秸秆综合利用需要广大农民群众积极发挥主观能动性，因此各地要开展相关的宣传普及活动。

193. 如何促进畜牧业的转型升级?

继续推进畜禽标准化养殖，支持规模养殖场发展生态养殖，改造圈舍设施，提升乡村规模化养殖的集约化、自动化、现代化水平，推动畜牧业生产方式转变。

开展畜牧业绿色发展示范县创建活动，以畜禽养殖废弃物减量化产生、无害化处理、资源化利用为重点，选择条件成熟的县乡推进畜禽养殖废弃物综合利用。

以技术创新为抓手，实施畜禽粪污的源头减量、过程控制和末端利用。

194. 提高农业资源利用水平，实现“一控两减三基本”是指什么?

“一控”指要控制农业用水的总量，要划定总量的红线和利用系数率的红线。

“两减”主要是把化肥、农药的施用总量减下来。

“三基本”就是针对畜禽污染处理问题、地膜回收问题、秸秆焚烧问题采取相关措施，通过资源化利用的办法，从根本上解决好这些问题。

195. 生态农业脱贫是一个系统工程，就山西而言，如何做到因地制宜?

以“安全”为准绳。确保粮食安全和重要农产品有效供给，提升农产品质量和食品安全水平，提高农业竞争力和保障产业安全。以“资源节约型、环境友好型”为抓手发展可持续农业。以“高效”为目标，发展高科技农业。

196. 山西省实施“两山七河一流域”治理指什么？

“两山”指太行山和吕梁山；“七河”指山西境内的汾河、桑干河、滹沱河、漳河、沁河、涑水河和大清河七大主要河流；一流域指黄河流域。

197. 山西省生态宜居建设主要内容有哪些？

持续改善农村人居环境。推进农村生活垃圾治理，推进农村“厕所革命”。统筹推进农村改厕与农村生活污水治理，大力整治农村生活污水无序排放及河沟渠污水偷排。打造不同类型、不同特点、不同发展模式的美丽宜居示范村，建设高水平的美丽宜居乡村集中连片示范区。建立人居环境管护长效机制，加强农村环境保护。

积极推进农业绿色发展。实施耕地质量保护与提升行动，实行水资源消耗总量和强度双控行动，实施农业节水行动。支持绿色循环立体农业发展。推进畜禽粪污资源化利用，完善废旧地膜和包装废弃物等回收处理制度。加强农业投入品规范化管理，实施化肥、农药零增长行动，完善农药风险评估技术标准体系。

加强乡村生态保护与修复。重点抓好吕梁山、环京津冀、重要水源地、通道沿线的国土绿化。积极开展符合条件地区的退耕还林还草，加强自然保护区建设。全面实施以汾河流域为重点的“七河”生态修复治理，创新生态修复治理市场化运作机制。全面落实河长制、湖长制。创新河湖管护体制机制，“一河一湖一策”推进全流域生态修复与保护。抓好河流源头及其重要支流源头的水源涵养林建设。完善全省生态保护补偿机制。

198. 如何深化生态文明体制改革，建设美丽山西？

根据《国务院关于支持山西省进一步深化改革促进资源型经济转型发展的意见》（国发〔2017〕42号），山西省深化生态文明体制改革主要任务包括：

加强资源开发地区生态保护修复治理。加快推进国土综合整治，实施太行山、吕梁山生态保护修复工程，推进山、水、林、田、湖生态保护工程试点。积极引入社会资本参与生态修复建设，创新市场化生态修复机制。加大中央预算内采煤沉陷区综合治理专项支持力度，研究逐步将山西省矛盾突出、财政困难的重点采煤沉陷区纳入资源枯竭城市财力转移支付范围。

加大生态环境保护力度。落实最严格水资源管理制度，严格水资源开发利用控制、用水效率控制、水功能区限制纳污"三条红线"管理。加强水功能区和入河湖排污口监督管理，加大娘子关泉、辛安泉等水源地保护力度。全面落实河长制，创新河湖管护体制机制，加快推进汾河等流域生态修复和系统治理。加强黄土高原地区沟壑区固沟保塬工作，开展吕梁山、太行山等水土流失综合治理，推动重要水源地生态清洁小流域建设。加快水权交易市场建设，探索滹沱河、桑干河等跨省流域横向生态保护补偿机制。实施大规模植树造林，推进天然林资源保护，将符合条件的公益林纳入国家级公益林范围，享受森林生态效益补偿政策。改革创新园区规划环评工作，探索园区式、链条式环评模式。

强化资源节约集约利用。实施能源消耗总量和强度双控行动，强化对山西省各级政府和重点用能单位的节能目标责任考核，组织实施节能重点工程，发展节能环保产业。全面推进节水型社会建设，实施水资源消耗总量和强度双控行动，提高水资源利用效率和效益。坚持以水定城、以水定产，严格执行水资源论证和取水许可制度，强化水资源承载能力刚性约束，促进经济发展方式和用水方式转变。大力推进重点领域节水，把农业节水作为主攻方向，实施重大农业节水工程，推进农业水价综合改革。加大工业和城镇节水力度。实施水效领跑者引领行动，开展合同节水管理试点示范工程。积极开展节水宣传教育，增强全社会节水、护水意识。推动山西省建立健全碳排放权交易机制。在确保环境质量稳定达标前提下，允许山西省在省域内科学合理配置环境容量。实行生产者责任延伸制度，逐步提高电器电子产品、汽车产品、铅酸蓄电池等重点品种的废弃产品规范回收与循环利用率。支持山西省大力发展循环经济，对产业园区进行循环化改造。落实固废利用产品税收优惠政策，推进煤矸石等大宗固体废物综合利用，有效防控炼焦、煤化工等行业危险废物的环境风险。加快推进朔州工业固废综合利用示范基地建设。

199. 山西省有机旱作农业农水集约增效工程指什么?

根据《山西省人民政府关于加快有机旱作农业发展的实施意见》，农水集约增效工程包括：

因地制宜建设集雨补灌设施。集中科研力量，加强协作攻关，开展以集雨、蓄水高效利用为核心的节水抗旱研究。加大旱作区农田基础设施建设力度，适地筑坝，拦截雨季降水，旱季提水灌溉农田。建设完善旱井、旱窖、蓄水池、“人”字闸等小型集雨、蓄水设施，有效集蓄降水，提高自然降水利用率。

大力发展节水灌溉。强化农田水利工程建设，着力建设农田节水灌溉设施和配套工程，抓好末级渠系和田间灌溉管路配套，打通农田灌溉“最后一公里”。加强以渠道防渗、管灌、喷灌、微灌为主的节水工程建设，适量发展自动控制、节水高效的智能灌溉及水肥一体灌溉施肥系统。

推广农艺节水措施。以提高农业用水效率和效益为核心，因地制宜推广防蚀固土蓄水、秸秆地膜覆盖保墒、生物节水、沟垄种植、免耕少耕、深翻深松等技术措施，增强抗旱节水能力。

健全农业节水管理机制。落实最严格水资源管理制度，加强水资源管理，强化农业用水管理和监督，严格控制农业灌溉用水量，合理确定灌溉用水定额。推进农业水价综合改革。

200. 环保“三线一单”指什么？

生态保护红线、环境质量底线、资源利用上线和环境准入清单。

201. 山西农村清洁能源推广该从何处着手？

加强农村清洁能源基础设施建设。加快实施新一轮农村电网改造升级工程和光伏扶贫工程，合理布局瓶装液化罐装站点，大力推进天然气管网向重点镇和集中居住居民点延伸，改善农村用能基础设施条件。

加快农村用能结构优化升级。在农作物秸秆资源丰富的地区，建设秸秆型沼气工程、秸秆气化站、生物质成型燃料厂，在畜禽养殖密集的地区，因地制宜建设一批区域联供和多村联供的大中型沼气集中供气工程。在以山区薪柴为主要生活用能的地区，推广使用热效率较高的省柴节煤炉灶，减少薪柴和煤炭使用量。

加速太阳能等新能源开发利用。积极应用发展与农业生产、农民生活相结合的分布式光伏发电，加快太阳能热水器、太阳能路灯、太阳能杀虫灯等应用推广。加强分布式、集中式光伏扶贫电站的管理维护，因地制宜开发风能、地热、微水电等新型能源。

以新型农业经营主体为重点，大力推广“畜－沼－果（茶/菜）”生态循环农业模式，积极发展光电互补、光热互补设施农业，促进农村能源的综合利用。

强化农村清洁能源管理和服务。鼓励和引导农民、村集体自建或与市场主体合作建设农村清洁能源服务专业合作社、技术服务公司，支持市场主体按规划参与农村清洁能源基础设施和服务网点建设，积极探索以市场化运营为主，政府提供政策支持的农村清洁能源技术服务体系建设新机制、新模式。

第六章　组织振兴

组织振兴是乡村振兴的根本保障。乡村组织振兴，就是要培养造就一批坚强的农村基层党组织和优秀的农村基层党组织书记，建立更加有效，充满活力的乡村治理新机制。

202. 如何理解组织振兴在乡村振兴中的重要地位？

组织振兴是乡村振兴的根本保障条件。乡村组织振兴，就是要培养造就一批坚强的农村基层党组织和优秀的农村基层党组织书记，就是要深化村民自治实践，发展农民合作经济组织，建立健全党委领导、政府负责、社会协同、公众参与、法治保障的现代乡村社会治理体制。

农村要发展，组织是关键，组织兴，则乡村兴；组织强，则乡村强。在乡村振兴中，各级各类组织是振兴的保障条件，只有把保障条件抓好了，乡村振兴才有坚实的基础和坚强后盾，基层组织的领导力、凝聚力、战斗力才会增强，广大基层党员和群众的力量和智慧才能凝聚起来，乡村振兴才能扎实向前推进。

要保证乡村振兴战略有效实施，实现“农业强、农村美、农民富”的发展目标，必须着力推进组织振兴，以提升组织力为重点，突出政治功能，建强基层战斗堡垒。

203. 乡村组织振兴的主体及作用是什么？

乡村组织振兴主体主要包括基层党组织、基层政权组织、群众自治组织、经济组织、群团组织、社会组织等。

基层党组织是确保党的路线方针政策和决策部署贯彻落实的基础，也是农村各项工作的领导核心。

基层政权组织主要是指乡镇人民代表大会和人民政府。基层政权组织是具体落实党在农村工作的权力机关，也是国家具体农村农业政策的执行机关。

群众自治组织是农民群众行使民主权利、管理村社公共事务的基层民主形式，具有直接民主和群众自治的特点。《中华人民共和国宪法》将村民委员会定位为农村基层群众性自治组织，正式确立了村民委员会的法律地位。

经济组织主要是指村级集体经济组织和股份合作组织等。农村经济组织保障了农民基层党组织和基层政权、村民自治组织的正常运转，为乡村的组织振兴奠定了坚实的物质基础，同时也是吸引人才的重要手段。

群团组织是乡村基层治理的重要补充力量，以工会、共青团、妇联为代表的群团组织具有体制身份，又有社会属性，在密切联系群众、有效整合资源、促进乡村振兴方面具有不可替代的作用。

社会组织是社会治理新格局中的主体力量之一，也是促进农民组织化的重要途径。

204. 乡村组织振兴的目标及实施乡村振兴的关键是什么？

乡村组织振兴的目标：通过培养造就一批坚强的农村基础党组织和优秀的农村基层组织书记，建立健全现代乡村社会治理体系，构架新时代乡村治理体系，走乡村善治之路。

实施乡村组织振兴的关键有以下三点：

第一，推进组织振兴必须坚持党的领导。

第二，组织振兴要坚持农民主体地位，深化村民自治实践。

第三，组织振兴要重视发挥多元力量的协同参与。

205. 如何理解乡村治理？

乡村治理是乡村社会中各种利益相关者和责任主体共同作用于乡村社会政治、经济、文化建设发展的过程，是利益相关者为增进乡村利益和发展乡村社会而共同参与、谈判和协调的持续互动行为和过程。

206. 乡村振兴战略中治理有效的地位如何？

乡村振兴，治理有效是基础。乡村是最基本的治理单元，乡村治理得好坏不仅决定着乡村社会的发展、繁荣和稳定，也体现国家治理的整体水平。治理越有效，乡村振兴战略的实施效果就越好。同时，乡村治理有效有利于国家治理体系和治理能力的完善和提升，关系着农民的生活和命运，也与国家的稳定和发展紧密相连。

207. 乡村治理有效的内涵是什么？

乡村治理有效就是充分发挥乡村各利益相关者和责任主体的作用，加强和创新农村社会治理，健全自治、法治、德治“三治”相结合的乡村治理体系，使乡村更加和谐、安定有序。

乡村治理有效要求法治、德治、自治“三治融合”，严守法律红线、道德底线，强化理想信念和社会主义核心价值观教育，强化科学的理论武装人、正确的舆论引导人、先进的文化塑造人，增强“防毒、排毒、解毒”的能力。强化民主自治的法规、制度建设，运用法治制度管事管人。

208. 如何理解治理有效是乡村振兴的基础？

乡村振兴，治理有效是基础。实现乡村有效治理是乡村振兴的重要内容，通过推进乡村治理体系和治理能力现代化，夯实乡村振兴基层基础。乡村治理作为基础性环节，是实现产业兴旺的“助推器”，是实现生态宜居的“保护伞”，是实现乡风文明的“黏合剂”，是实现生活富裕的“发酵剂”。

209. 乡村治理体系中的“三治”是指什么？

“三治”是指自治、法治、德治。

乡村治理体系中，自治是基础，法治是前提，德治是动力。党的十九大明确提出乡村振兴的基本路径和方式，健全自治、法治、德治相结合的多元共治的新农村秩序。在这一过程中，自治是基础与目标，法治是方式与保障，德治是动力与愿景，三者相互融合，构筑新时代乡村治理的稳定架构和可靠路径，其中法治成为连接自治和德治的关键。

210. 自治在乡村治理体系中的功能定位如何？

自治是乡村治理体系的核心。自治是社会治理体系和治理能力现代化所追求的基本目标。基层群众自治制度是中国特色社会主义的一项基本政治制度。在乡村治理中，村民自治是中国特色社会主义民主政治在乡村治理领域的实现形式，是乡村治理体系的核心内容。一方面，村民自治保证农民的生产经营主体地位和合法权益，有利于激发和调动农民的积极性；另一方面，村民自治还有助于农村的稳定发展，为国家的长治久安营造良好的环境。党的十九大报告提出，要打造共建共治共享的社会治理格局，加强社会治理制度建设，完善党委领导、政府负责、社会协同、公众参与、法治保障的社会治理体制，提高社会治理社会化、法治化、智能化、专业化水平。加强社区治理体系建设，推动社会治理重心向基层下移，发挥社会组织作用，实现政府治理和社会调节、居民自治良性互动。所以，提高乡村治理能力，应当坚持和完善基层群众自治制度，充分发挥好自治在乡村治理体系中的核心作用。

211. 怎样完善村民自治制度？

村民自治制度是能够体现村民意志，保障村民权益、激活农村活力的中国特色社会主义民主政治的重要组成部分。新时期要深入实施村民委员会组织法，完善农村民主选举、民主决策、民主协商、民主管理、民主监督制度。实现选举的制度化、流程化、公开化、便捷化，鼓励村党组织书记通过选举担任村委会主任。村民委员会要统筹处理乡村事务，实现政府治理和社会调节、居民自治良性互动，形成有效的社会治理。实现村级事务公开经常化、制度化和规范化，全面实施村级事务阳光工程，完善党务、村务、财务“三公开”制度。梳理村级事务公开清单，及时公开组织建设、公共服务、脱贫攻坚、工程项目等重大事项。健全村务档案管理制度。推广村级事务“阳光公开”监管平台，支持建立“村民微信群”“乡村公众号”等，推进村级事务即时公开，加强群众对村级权力有效监督。规范村级会计委托代理制，加强农村集体经济组织审计监督，开展村干部任期和离任经济责任审计。

212. 如何理解村民自治体设置下沉？

村民自治体设置下沉，是指将自治体区域与人口覆盖范围适度缩小，将现有自治体分解为多个自治体。新的自治组织设立在自然村或村民小组，也可按照农民意愿，由较小的几个居民点或几个小组设立一个自治组织。村民自治体适度下沉符合社会治理规律，能够使农村管理资源得到充分利用，能够有效降低农村社会治理成本，是实现村民自治的有效措施。

213. 德治在乡村治理体系中的功能定位是怎样的？

德治是乡村治理体系的价值引向标和支撑器。在乡村治理中融入德治，能够发挥道德引领、规范、约束的内在作用，增强乡村自治和法治的道德底蕴，为自治和法治赢得情感支持、社会认同，使乡村治理事半功倍。健全乡村治理体系，推进乡村治理能力现代化，要塑造与时代要求相适应的新的道德标准。通过道德标准体系的完善，乡土信任的重建，正民心、树新风，营造乡村德治氛围，维护乡村德治秩序。

214. 怎样建立乡村道德激励和约束机制？

开展村级道德评议活动。坚持以榜样为引领，弘扬主旋律，推行道德评议活动，对群众身边发生的道德事件进行评议，褒扬好人好事，激励文明风尚，引导广大群众遵纪守法，遵守公民道德规范，着力解决法律管不到、村规管不了、干部不好管的“繁杂事”，鞭挞陈规陋习，助推社会新风。

抵制封建迷信活动。加强无神论宣传教育，抵制封建迷信活动。要发挥党员示范作用，加强舆论宣传引导，坚决整治迷信活动。

深入推进移风易俗文明行动。持之以恒反复抓，坚持以社会主义核心价值观为引领，把反对大操大办、反对铺张浪费等作为农村精神文明建设的重要内容，引导广大群众树立文明乡风。

215. 怎样理解法治在乡村治理体系中的作用?

法治是乡村治理体系的保障。法治是现代文明的标志。在现代社会，法治是调节社会关系的基本方式。乡村治理体系能否平稳运行取决于法治化水平。乡村治理中的村民自治，需要通过法治加以规范与保障。

216. 怎样加强法律服务供给?

积极构建农村公共法律服务体系。充分发挥人民法庭在乡村治理中的职能作用，推广车载法庭等巡回审判方式。加强乡镇司法所建设。整合法学专家、律师、政法干警及基层法律服务工作者等资源，健全乡村基本公共法律服务体系。深入推进公共法律服务实体、热线、网络平台建设，鼓励乡镇党委和政府根据需要设立法律顾问和公职律师，鼓励有条件的地方在村民委员会建立公共法律服务工作室，进一步加强村法律顾问工作，完善政府购买服务机制，充分发挥律师、基层法律服务工作者等在提供公共法律服务、促进乡村依法治理中的作用。

217. 如何“三治”融合达到善治的目标?

自治、法治、德治三种治理方式组合起来，就能够发挥各种治理方式的优势，弥补其他治理方式的短处。一是发挥法治的强制性、规范性功能，弥补德治、自治强制性不足的问题；二是发挥德治润物无声的无成本、低成本功能，弥补法治高成本、内生性不足的问题；三是发挥自治协商民主、灵活调整的功能，可以弥补法治刚性、弹性不足，以及德治规则性不强的问题。

218. 如何调动乡村干部工作积极性？

着力改善经济待遇。要关心和爱护广大基层干部，在村干部待遇保障上下功夫。

着力改善政治待遇。要激发干事创业活力，让村干部政治上有盼头。通过拓宽发展空间、打通发展通道，增强基层岗位吸引力，让村干部工作更有劲头，摆脱政治上弱势的帽子。

着力改善办公条件。各地要结合自身财政实际，适当提高村级组织运转经费保障标准，将村级组织运转经费纳入财政预算，使村党组织真正做到有钱办事。

219. 完善乡村矛盾预防化解机制的途径是什么？

加强乡村人民调解工作机制。乡村各基层党组织要不断加强人民调解员队伍建设，不断完善人民调解组织网络，加强人民调解制度建设，加强对人民调解员的培训工作。要积极探索运用现代信息技术推动人民调解工作，使矛盾及时化解在农村基层，不扩大、不上移。

形成自主化解机制。要根据各地实际情况，探索多样化的村民自治模式，引导新乡贤积极参与乡村治理。做到从群众中来、由群众推选，进得了家门、坐得下板凳、拉得上家常、建得起感情，对邻里知根知底知想法，能做到问寒问暖问民情，有效带动民事民议、民事民办、民事民管。

优化法治保障机制。要围绕新时代农村土地流转、土地征迁、人口流动与生态环境保护等方面的问题，不断完善立法，进一步规范相关主体行为。在法律执行上，切实提高基层干部依法化解农村矛盾的能力。要加强执法监督，努力实现严格、规范、公正、文明执法。

220. 怎样推动基层网格化管理？

协同治理，实现治理主体多元化。农村社会治理，应包括村民、村委会、基层政府、基层党组织、农村自治组织、网格员等主体。这些主体之间需分工清晰、权责明确、通力合作。特别是村民自治委员会和网格员，一定要合理分工，明确权责。

区域联动，形成高效协调的运行机制。要织密织牢乡村社会治理的“安全网”，必须上下联动，形成部门合力，着力构建高效协调的运行机制。要通过镇、村、格三级农村网格治理平台建设，构建横向覆盖全部地域、纵向贯通各业务层级的立体网格治理体系，确保每寸土地有人管、每项事务有人抓。

集成创新，提升乡村治理水平。进一步加强信息化、智能化水平，是农村网格化社会治理工作的一个重要发展方向。要找准科技手段服务乡村治理的切入点，以信息化、智能化技术手段提升乡村社会治理能力。

221. 如何深化村民自治实践？

自治是乡村治理的基础，是调动村民参与乡村事务的主要手段，要加强农村基层群众自治组织建设，健全和创新充满活力的村民自治机制。

第一，完善村民自治制度。深入实施村民委员会组织法，完善农村民主选举、民主决策、民主协商、民主管理、民主监督制度，实现选举的制度化、流程化、公开化、便捷化，鼓励村党组织书记通过选举担任村委会主任。村民委员会要统筹处理乡村事务，实现政府治理和社会调节、居民自治良性互动，形成有效的社会治理。

第二，村民自治体适度下沉。村民自治体适度下沉符合社会治理规律，能够使农村管理资源得到充分利用，能够有效降低农村社会治理成本，是村民自治的有效实现形式。

第三，积极发挥新乡贤的作用。新乡贤是政府和群众之间的联系纽带，是乡村治理的参与者、监督者，是道德教化的示范者与引领者，也是乡土文明的继承者与发扬者。通过搭建鼓励、支持、引导新乡贤发挥作用的平台，培育有才智、有威望、扎根乡村的新乡贤。

第四，加强农村社区治理创新。创新农村社区、社会组织、社会工作“三社联动”模式，推进社区服务规范化、标准化，打造“一门式办理”“一站式服务”的综合服务平台。发挥互联网等现代信息技术对农村社区治理的提升作用，实现网上办、马上办，逐步形成完善的乡村便民服务体系。大力培育服务性、公益性、互动性农村社会组织，积极发展农村社会工作和志愿服务。

222. 如何建设法治乡村？

建设法治乡村是乡村振兴战略的内在要求，是乡村振兴战略不可分割的组成部分。建设法治乡村必将为乡村振兴提供强有力的立法、执法、司法、守法保障，进而助推乡村振兴战略的实施。乡村治理中应该坚持以法治为本，树立依法治理理念，强化法律在维护农民权益、规范市场运行、农业支持保护、生态环境治理、化解农村社会矛盾等方面的权威地位。

一是深入开展法治宣传教育。在乡村开展法治宣传教育，应该着重增强基层干部法治观念、法治为民意识，将政府涉农各项工作纳入法治化轨道。采取分级培训、巡回讲座、案例教育、经验交流、树立典型等方式，加大对乡镇党政“一把手”、农村“两委”主干、农村第一书记、大学生村官、村务监督委员会主任的法治培训与定期轮训，提高乡村干部法治素养。同时要不断加大农村普法力度，提高农民法治素养。以“法律进乡村”为载体，利用传统媒体和新兴媒体开展多样化的普法宣传，引导村民学法、懂法、守法、用法，运用法律手段和方式解决问题。

二是完善乡村法律制度。随着依法治国进程的推进和农村改革的逐步深入，以《宪法》为依据，以《农业法》为基本法，以行政法规、部门规章和地方性法规为主体，以农业相关法律为补充的农业法律制度体系已经基本建立，对我国农村社会经济的发展起到了重要的推动和保障作用。但是，也应该看到，目前农村的法治状况仍然不能适应深化农村经济改革、完善农村经济体制和建设美丽乡村的要求，为此，应该加快完善农业农村法律体系，健全农村产权保护、规范农业市场运行、支持保护“三农”等方面的法律制度，把政府各项涉农工作纳入法治化轨道，保障农村改革发展。

三是加强农村法律服务供给。农村公共法律服务供给能力不足、水平不高的问题，一直是我国公共法律服务体系的“短板”。广大农村法律资源匮乏，农民法律意识淡薄，致使很多矛盾纠纷难以纳入理性化、法治化解决轨道。一方面，农村基层治理处于不规范状态，因而滋生大量问题；另一方面，一些农民非理性的维权行为既给自身及家庭造成损失和负担，又严重威胁社会和谐稳定。为此，要积极构建农村公共法律服务体系，整合法学专家、律师、政法干警及基层法律服务工作者等资源，深入推进公共法律服务实体、热线、网络平台建设。

223. 如何提升乡村德治水平？

打造良好的乡村道德环境，是社会稳定的基础。在乡村治理中，应该坚持德治为先，以德治滋养法治、涵养自治，让德治贯穿治理全过程。

第一，强化道德教化的积极作用。乡村治理中应该发挥道德引领作用，深入挖掘乡村熟人社会蕴含的道德规范，结合时代要求进行创新，引导农民向上向善、孝老爱亲、重义守信、勤俭持家。弘扬崇德向善、扶危济困、扶弱助残等传统美德，培育淳朴民风。开展好家风建设，传承传播优良家训。

第二，发挥村规民约的作用。充分发挥村规民约在解决农村法律、行政、民事纠纷等领域突出问题中的独特功能，弘扬公序良俗，促进自治、法治、德治有机融合。提倡把喜事新办、丧事简办、弘扬孝道、尊老爱幼、扶残助残、和谐敦睦等内容引入村规民约。加强优秀村规民约的宣传，发挥好典型示范作用。

第三，促进乡村移风易俗。移风易俗是当前农村工作的重中之重，应积极引导广大村民崇尚科学文明，传播科学健康的生活方式，发挥村民议事会、道德评议会、红白理事会、禁毒禁赌协会等群众组织的作用，遏制大操大办、厚葬薄养、人情攀比等陈规陋习。

224. 如何加强农村基层党组织的思想引领作用？

引导广大基层干部牢固树立“四个意识”，加强政治教育、政策学习，全面提升基层党员干部的学习本领、改革创新本领、群众工作本领和狠抓落实本领，确保能干事、能成事，不折不扣地把党的主张向群众说清楚、讲明白，并用群众喜闻乐见的方式开展宣传教育，真正让群众了解乡村振兴战略出台的背景、目的和意义，使党在农村的各项工作部署得到群众的拥护和支持。

加强农村思想文化阵地建设，深入实施公民道德建设工程，挖掘农村传统道德教育资源，推进诚信建设，深入挖掘传统农耕文化中蕴含的优秀思想观念、人文精神、道德规范，以凝聚人心、教化群众、淳化民风。坚持吃透上情、摸透村情、体察民情、挥洒真情，一把钥匙开一把锁，把思想政治工作做到群众的心坎上，帮助他们在思想上解惑，精神上解忧，文化上解渴，心理上解压，以真诚赢得信任，以党建凝聚人心，带领农民一心一意谋发展，全心全意奔小康。在解决好“富口袋”的同时，解决好“富脑袋”的问题。

225. 如何强化农村基层党组织的投入保障？

坚持把乡镇和村级组织运转经费列入财政预算。不断提升乡镇“五小”建设水平，开展乡镇办公用房填平补齐工作，改善基层工作生活条件。全面实施村级活动场所和公益性服务设施提档升级工程，加快宽带网络和取暖设备覆盖。加强村级组织活动场所建设，使之成为党员和村民的共同园地。

充分发挥基层党组织的组织优势、组织力量、组织功能，把广大基层党员和群众的思想、行动、力量和智慧凝聚起来，投身到乡村振兴中来，齐心聚力搞好乡村经济社会建设。把大力发展农村生产力放在首位，拓宽农民就业、创业和增收渠道。要紧紧围绕促进产业发展，引导和推动更多的资本、技术、人才等要素向农业农村流动，带领引导群众推动优势产业发展，逐渐走向规模化、标准优的发展轨道，形成特色鲜明的区域经济，不断增加集体经济收入，为农村基层党组织的各项工作提供有力支撑。以深化农村集体产权制度改革为契机，整合强化扶持引导政策，挖掘区位、产业优势，运用市场机制，发挥条件好的村和企业对条件差的村的带动作用，积极探索村村（企）联合、以资定股、集中经营、抱团发展等模式，进一步拓宽村级集体经济收益渠道。

226. 如何有效发挥群团组织在乡村振兴中的作用?

加强党对群团工作的领导。群团工作是党治国理政的一项经常性、基础性工作。政治性是群团组织的灵魂。包括强化政治建设、强化服务基础、强化理论武装等。

持续提升群团服务能力建设。把竭诚为群众服务作为一切工作的出发点和落脚点,全心全意为广大群众服务。包括工会组织要加强组织建设覆盖率、团组织要把服务乡村振兴与服务青年成长更好地统一到工作实践中、妇联组织要积极发挥巾帼建新功的作用等。

着力加强群团组织规范化建设。包括在建机制、强功能、增实效上下功夫,提升群团建设活力;在抓创新、强基础、树品牌上下功夫;在找问题、补短板、建队伍上下功夫;等等。

227. 社会组织参与乡村振兴战略实施的意义是什么?

社会组织可以提供多样化的公共服务。首先,社会组织自诞生之日起就有着贴近基层的天然基因,其创新灵活、专业高效的组织优势,能够协调和调动更多的社会资源来支援乡村的发展,满足乡村振兴过程中资金、人才、技术等方面的需求,成为政府在乡村振兴过程中的有力帮手,减轻基层政府的治理压力。其次,社会组织能够有效推进农村基本公共服务均等化。社会组织在乡村治理中可以有效地避免政府部门的行政干预,同时还可以针对乡村基层的实际需求提供专业高效的基本公共服务。最后,社会组织参与乡村振兴有利于营造支持和帮助乡村发展的良好氛围。社会组织的广泛参与能够在全社会中营造良好的社会大环境,吸引更多的社会组织参与到乡村振兴建设中来。

228. 如何发挥乡村智库在乡村振兴中的作用？

要鼓励包括高校和科研机构等在内的乡村智库投身乡村振兴，建立乡村振兴专家决策咨询制度，组织智库加强乡村治理理论研究，积极争取研究机构在乡村建立研发基地、科技平台等。建立起乡村智库之间的联动机制，促进不同智库之间的资源共享，提升乡村现代化治理水平。要促进乡村振兴国际交流与合作，总结我国乡村振兴经验，为世界贡献中国智慧和中国方案。

229. 怎样理解“三社联动”模式？

“三社联动”是以政府购买服务为牵引，以社区为平台，以社会组织为载体，以社工为骨干，以满足居民需求为导向，通过社会组织引入外部资源和社会力量，通过社工提供专业化服务，把矛盾化解在社区的新型社会治理模式、社会服务供给方式和全新社会动员机制。

230. 如何促进乡村移风易俗？

推动移风易俗、树立文明乡风是加强农村精神文明建设的一项重要任务，也是推动社会主义核心价值观在广大农村落地生根的必然要求，更是形成良好村风、民风、社风，深化美丽乡村建设的有效途径。因此，移风易俗是当前农村工作的重中之重。应该积极引导广大村民崇尚科学文明，传播科学健康生活方式。发挥村民议事会、道德评议会、红白理事会、禁毒禁赌协会等群众组织的作用，遏制大操大办、厚葬薄养、人情攀比等陈规陋习。加强无神论宣传教育，抵制封建迷信活动。深化农村殡葬改革。强化农村科普工作，倡导学文化、学技能，提高农民科学文化素养。注重通过互联网等新途径普及信息技术知识、卫生保健常识、法律法规知识等，引导广大农民积极融入现代社会发展大潮。

231. 山西省推进移风易俗的举措有哪些？

积极引导广大村民崇尚科学文明，传播科学健康生活方式，教育引导农民群众建立“民风朴实、文明和谐，崇尚科学、反对迷信，明礼诚信、尊老爱幼，勤劳节俭、奉献社会”的乡风民俗。开展“优良党风带社风行动”，坚持以优良党风带动社会风气好转。充分发挥村集体和农民的主体作用，着力从党员干部带头，村规民约、家风家教入手，运用党纪党规、法律法规、公共政策和村规民约等多种手段和措施，建立村级主干和贫困家庭红白喜事申报、公示制度。坚持党员带头和群众自治并举，发挥村民议事会、道德评议会、红白理事会、禁毒禁赌协会等群众组织的作用，遏制大操大办、厚葬薄养、人情攀比、封建迷信等陈规陋习。深化农村科普工作，倡导学文化、学技能，提高农民科学文化素养。注重通过互联网等新途径普及信息技术知识、卫生保健常识、法律法规知识等，引导广大农民与时俱进，积极融入现代社会。

232. 山西省如何落实平安乡村建设？

健全落实社会治安综合治理领导责任制，严格落实“属地管理”“谁主管谁负责”，不断提升基层党政领导的责任意识。积极防范境内外敌对势力对农村的渗透，严厉打击影响农村社会稳定的各类违法犯罪。坚决抵御非法宗教破坏活动，依法制止利用宗教干预农村公共事务，继续整治农村乱建庙宇、滥塑宗教造像等行为。深入推进农村扫黑除恶专项斗争。大力整治农村“黄赌毒”。加快完善农村社会治安防控体系建设，实施农村“雪亮工程”，深入推进农村公共安全视频监控建设联网应用，加强流动人口和特殊人群服务管理，健全适合农村治安特点的治安防控网络。大力推进农村社区警务战略，在农村集贸市场、庙会、车站、景点等人员密集场所增加治安室和报警点，加强农村消防、交通、危险物品、大型群众性活动安全监管和公共安全风险隐患排查整治。深入排查化解农村矛盾纠纷，大力推进乡村两级调节中心规范化建设，建立重大矛盾预测预警、应急处突机制。进一步完善网格化服务管理机制，加强网格员规范化管理。加快推进综治中心标准化建设，完善县、乡、村三级综治中心功能和运行机制。进一步加强基层综合治理信息化平台建设，推动网络互联、数据共享，实现对涉稳信息的实时掌握、动态跟踪、预测预警。

233. 山西省如何落实村民自治制度?

贯彻落实《村民委员会组织法》，健全完善村党组织领导下的村民自治机制，进一步规范农村民主选举、民主决策、民主协商、民主管理、民主监督制度。严格依法实行民主选举，明确选任标准，拓宽选任渠道，切实选优配强村“两委”班子。健全民主决策程序，依托村民会议、村民代表会议、村民议事会、村民理事会、村民监事会等，形成民事民议、民事民办、民事民管的多层次基层协商格局。创新村民议事形式，完善议事决策主体和程序。以县（市、区）为单位修订完善村务公开目录，丰富村务公开内容，规范村务公开程序。建立健全村务监督委员会，不断深化和拓展“四议两公开”工作法，切实保障农民群众的知情权、参与权、决策权和监督权。

234. 山西省在乡村治理中如何强化道德引领?

注重乡土民情、道德规范的情感认同，深入挖掘乡村历史文化，加强农村思想道德建设，增强村民的认同感、归属感、责任感和荣誉感，塑造与时代要求相适应的新的道德规范，引导农民爱党爱国、向上向善、孝老爱幼、重义守信、勤俭持家。推广开展道德评议活动，建立道德激励约束机制，促进家庭和睦、邻里和谐、干群融洽。开展寻找最美乡村教师、医生、村干部、家庭等活动，深入宣传道德模范、身边好人的典型事迹，发挥道德评议和社会舆论的力量，弘扬真善美，传播正能量。推举乡贤好人，倡导祖训家教，以乡情为纽带，以优秀基层干部、道德模范、身边好人的嘉言懿行为示范引导，培育新型农民，涵育文明乡风。

235. 山西省如何完善村规民约?

充分发挥村规民约在解决农村法律、行政、民事纠纷等领域突出问题中的独特功能，弘扬公序良俗，促进自治、法治、德治有机融合。引导广大农村进一步完善提升村规民约，促使其更加契合法治精神和现代治理理念，增强传统村规民约的现代价值。探索完善村规民约组织实施方式，广泛发动群众自我教育、自我管理、自我服务、自我提高。加强优秀村规民约的宣传，发挥好典型示范作用。

236. 山西省在乡村治理中如何强化法治宣传教育?

适应农村干部群众对法律知识的现实需求，深入开展“法律进乡村”宣传教育活动，引导干部群众遵法、学法、守法、用法。开展“送法下乡”活动，在农民中普及必备法律知识。采取分级培训、巡回讲座、案例教育、经验交流、树立典型等方式，加大对乡镇党政“一把手”、农村“两委”主干、农村第一书记、大学生村官、村务监督委员会主任的法治培训与定期轮训，提高乡村干部法治素养。加大党的宗教工作基本方针政策和相关法律法规宣传力度。开展面向农民群众的法治宣传教育，利用传统媒体和新兴媒体开展多样化的普法宣传。利用农贸会、庙会和农村各种集市，组织法制宣传员、法制宣传志愿者、人民调解员等，进行现场法律咨询，发放各种法制宣传资料和普法读物，引导村民学法、懂法、守法、用法，运用法律手段和方式解决问题。推进农村法治文化建设，把培育和践行社会主义核心价值观的要求融入农村法治文化建设中。

237. 山西省如何建设法治乡村?

健全农民权益维护、农村产权保护、农业市场规范运行、“三农”支持保护、化解农村社会矛盾等方面的地方性法规，完善村级事务决策、公开、监督等方面的制度机制，将政府各项涉农工作纳入法治化轨道。深入推进涉农综合行政执法改革，加强涉农部门执法规范化建设，推动涉农执法队伍整合、执法力量下沉、执法事项下放，提高执法能力和水平。完善农村公共法律服务体系建设，扩大基层公共法律工作者队伍，通过组建乡村法律服务志愿者团队、政府购买服务等方式，以村（社区）法律顾问微信群建设为重点，推进“一村（社区）一法律顾问”全覆盖，在有条件的村（社区）建立法律服务工作室，提高乡村公共法律服务供给水平。建立健全乡村调解、县市仲裁、司法保障的多元矛盾纠纷调处机制，大力加强和改进法律援助工作，推进法律援助工作联系点向农村辐射，加强对农民的法律援助和司法救助，形成群众诉求依法表达、矛盾纠纷多元化解、利益争端就地解决的格局，筑牢维护乡村社会稳定的“第一道防线”。开展法治乡村创建和示范点建设活动，营造自觉守法、办事依法、遇事找法、解决问题用法、化解矛盾靠法的法治氛围。逐步优化乡镇机构设置，理顺乡镇管理体制，坚持乡村共建、以乡带村，推动乡村法治建设平衡发展、协调推进。

238. 如何做好农村社区“三零”单位创建工作?

农村社区“零上访零事故零案件”单位创建工作既是山西省委提升基层治理能力的重要抓手，又是建设高水平“平安乡村”的重要举措。主要从以下几方面着手。

一是党建引领，强化责任。要强化党建引领，充分发挥基层党组织战斗堡垒作用和党员先锋模范作用，把党的领导优势转化为社会治理效能。要强化责任落实，各级党委政府要守土有责、守土尽责，准确把握“三零”农村社区单位创建目标任务，作为民心工程、基础工程来抓，形成党委抓、书记抓，一级抓一级，层层抓落实的工作格局。

二是找准问题，强化落实。农村社区作为责任主体，要全面摸清问题，积极整改隐患，规范内部管理，健全服务体系“守好自己的门、管好自己的人”，不折不扣把各项创建要求和措施落到实处。强化结果导向，把“三零”单位创建纳入党委政府目标责任制考核体系、纳入各地平安建设考评范畴。

三是全民参与，共建家园。要强化宣传引导，广泛宣传“三零”创建工作的重要意义、目标任务、实际成效，积极培育、挖掘、选树先进典型，营造人人参与创建的浓厚氛围，及时总结、大力推广基层的好经验好做法，持续提升“三零”单位创建常态化长效化水平。

239. 山西省乡镇（街道）机构改革重点工作有哪些?

一要优化乡镇（街道）行政区划设置。依法有序推进“乡改镇”“乡镇改街道”工作，提高“城镇型”政区占比，加快推进新型城镇化进程。同时稳妥审慎推进“乡镇撤并”工作，解决部分乡镇人口少、规模小、实力弱的问题。

二要统一规范乡镇（街道）机构设置，统筹编制资源，厘清县乡关系。乡镇和街道分别设置党政机构各 5 个，设置事业单位 3 个，即“5 办 1 站 2 中心”，做到全省所有乡镇一个模式，所有街道一个模式。

三要整合组建“综合执法一队伍”。初步建立起权责明晰、上下贯通、指挥顺畅、运行高效、保障有力的基层综合行政执法体系。

四要建好建强“便民服务一平台”。将平台作为县级政务服务大厅的延伸窗口，实行“全科受理”“一窗办结”。

五要健全完善“基层治理一张网”。以综治网格为主，将上级部门在基层设置的多个网格整合为一个综合性网格，依托村（社区）合理划分基本网格单元，实现“多网合一”。

240. 新时代“枫桥经验”指什么？

“枫桥经验”发源于浙江省诸暨市枫桥镇，其基本内涵是发动和依靠群众，坚持矛盾不上交，就地解决。新时代“枫桥经验”主要内容是在开展社会治理中实行“五个坚持”，即坚持党建引领，坚持人民主体，坚持自治、法治、德治“三治融合”，坚持人防、物防、技防、心防“四防并举”，坚持共建共享。

241. 山西省加强法治乡村建设的具体任务是什么？

加快涉农领域立法、规范村级组织建设、依法解决乡村涉法问题、加强乡村法律服务供给、坚持和发展新时代“枫桥经验”、广泛开展示范活动等六方面的具体任务。

第七章 实施乡村建设行动

在新发展阶段，实施乡村建设已成为我国“三农”工作的着力点，摆在社会主义现代化建设的重要位置。实现中华民族的伟大复兴，最艰巨最繁重的任务在农村，最广泛最深厚的基础也在农村。

242. 实施乡村建设行动的重要意义是什么？

实施乡村建设行动是坚决守住脱贫攻坚成果的主动作为。决战决胜全面建成小康社会取得历史性成就，现行标准下近 1 亿农村贫困人口全部脱贫，832 个贫困县全部摘帽。为了让脱贫群众从此过上更美好的生活，中央农村工作会议强调要坚决守住脱贫攻坚成果，做好巩固拓展脱贫攻坚成果同乡村振兴有效衔接，工作不留空当，政策不留空白。在新的发展阶段，巩固和守住脱贫攻坚成果，将进一步夯实乡村振兴的基础。

实施乡村建设行动是适应构建新发展格局的重要举措。推进“双循环”新发展格局的潜力在农村，重点也在农村。目前，我国农村低收入群体仍占相当比例，拓展农民增收基本途径，挖掘农村消费潜力，将进一步激发农村市场活力。从消费看，农民年人均可支配收入在“十四五”期间将突破 2 万元，增加的收入中会有很大一部分用于改善生活消费。可见，农村有广大的市场、广阔的投资空间。

实施乡村建设行动是全面建设现代化国家的应有之义。全面建设社会主义现代化国家，实现中华民族伟大复兴，最艰巨最繁重的任务依然在农村，最广泛最深厚的基础依然在农村。在新的发展阶段，特别需要优先发展农业农村，加快实现农业农村现代化，否则就没有整个国家的现代化，民族复兴也就无从谈起。

243. 实施乡村建设行动如何突出重点、找准发力点？

实施乡村建设行动既是对以往乡村建设历史经验的传承延续，也是当前推进乡村振兴战略的现实举措，必须突出重点，找准发力点。

首先，坚持正确原则，确保有序推进。一是坚持系统思维。实施乡村建设行动不能单兵突进，不能大拆大建，必须立足各地实际。二是以人民为中心。广大农民群众既是乡村建设的受益者，也是推进乡村建设行动的主力军，要提高广大农民的科学文化素养，发挥他们的积极性，确立他们的主体地位，致力打造共建共治共享的乡村社会治理格局。三是形成建设合力。乡村建设具有综合性，需要在各级党委和政府的领导下，协调好各类社会组织、志愿者队伍、民营企业等社会力量，形成齐抓共管之合力。

其次，按照规划建议，聚焦阶段任务。一是统筹县域城镇和村庄规划建设，强化城镇龙头牵引和县城综合服务能力，实现协同发展。二是加快补齐农村基础设施短板，改善农村人居环境，缩小城乡基础设施建设差距。三是加大乡村建设人才培养力度，既要就地培育新型职业农民和乡土人才，也要吸引各类人才投身乡村建设。四是大力发展新型农村集体经济，为农村基础设施维护使用和公共服务能力提升筑牢经济基础。

最后，坚持党的领导，锤炼干部队伍。各级党委要扛起政治责任，坚持农业农村优先发展，积极建设一支政治过硬、本领过硬、作风过硬的乡村振兴干部队伍，培育和选拔一批政治站位高、勇于担当的年轻干部充实各地乡村基层组织，为贯彻落实好乡村振兴战略提供支撑。

244. 实施乡村建设行动的具体任务是什么？

加快推进村庄规划工作、加强乡村公共基础设施建设、实施农村人居环境整治提升行动、提升农村基本公共服务水平、全面促进农村消费、加快县域内城乡融合发展、强化农业农村优先发展投入保障、深入推进农村改革等八个方面的具体任务。

245. 如何加快推进村庄规划工作？

统筹县域城镇和村庄规划建设，通盘考虑土地利用、产业发展、居民点建设、人居环境整治、生态保护、防灾减灾和历史文化传承。科学编制县域村庄布局规划，因地制宜、分类推进村庄建设，规范开展全域土地综合整治，保护传统村落、民族村寨和乡村风貌，严禁随意撤并村庄搞大社区、违背农民意愿大拆大建。优化布局乡村生活空间，严格保护农业生产空间和乡村生态空间，科学划定养殖业适养、限养、禁养区域。鼓励有条件地区编制实用性村庄规划。严格规范村庄撤并，不得违背农民意愿、强迫农民上楼，把好事办好，把实事办实。

246. 如何加强农村公共基础设施建设？

健全城乡基础设施统一规划、统一建设、统一管护机制，继续把公共基础设施建设的重点放在农村，推动市政公用设施向郊区乡村和规模较大中心镇延伸。推进农村公路建设项目更多向进村入户倾斜，继续开展“四好农村路”示范创建，全面实施路长制，开展城乡交通一体化示范创建工作。实施农村供水保障工程，加强中小型水库等稳定水源工程建设和水源保护，实施规模化供水工程建设和小型工程标准化改造，有条件的地区推进城乡供水一体化。实施乡村清洁能源建设工程，加大农村电网建设力度，全面巩固提升农村电力保障水平，推进燃气下乡，支持建设安全可靠的乡村储气罐站和微管网供气系统，发展农村生物质能源。实施数字乡村建设发展工程，推动农村千兆光网、第五代移动通信（5G）、移动物联网与城市同步规划建设。完善电信普遍服务补偿机制，支持农村及偏远地区信息通信基础设施建设。加快建设农业农村遥感卫星等天基设施。发展智慧农业，建立农业农村大数据体系，推动新一代信息技术与农业生产经营深度融合。完善农业气象综合监测网络，提升农业气象灾害防范能力。加强乡村公共服务、社会治理等数字化智能化建设，实施村级综合服务设施提升工程，提升农房建设质量，加强村级客运站点、文化体育、公共照明等服务设施建设。继续通过中央车购税补助地方资金、成品油税费改革转移支付、地方政府债券等渠道，按规定支持农村基础设施建设发展。

247. 如何实施农村人居环境整治提升行动？

统筹农村改厕和污水、黑臭水体治理，推进农村生活垃圾就地分类和资源化利用，以乡镇政府驻地和中心村为重点梯次推进农村生活污水治理，因地制宜建设污水处理设施。分类有序推进农村厕所革命，加快研发干旱、寒冷地区卫生厕所适用技术和产品，加强中西部地区农村户用厕所改造。健全农村生活垃圾收运处置体系，推进源头分类减量、资源化处理利用，建设一批有机废弃物综合处置利用设施。健全农村人居环境设施管护机制，有条件的地区推广城乡环卫一体化第三方治理。深入推进村庄清洁和绿化行动。开展美丽宜居村庄和美丽庭院示范创建活动。

248. 如何提升农村基本公共服务水平？

建立城乡公共资源均衡配置机制，强化农村基本公共服务供给县、乡、村统筹，逐步实现标准统一、制度并轨。提高农村教育质量，推进县域内教师交流轮岗，支持建设城乡学校共同体，多渠道增加农村普惠性学前教育资源供给，在县城和中心镇新建改扩建一批高中和中等职业学校。面向农民就业创业需求，发展职业技术教育与技能培训，建设一批产教融合基地，加大涉农高校、涉农职业院校、涉农学科专业建设力度。全面推进健康乡村建设，加强县级医院建设，提升乡镇卫生院医疗服务能力，推动乡村医生向执业（助理）医师转变，加强县域紧密型医共体建设，加强妇幼、老年人、残疾人等重点人群健康服务，完善统一的城乡居民基本医疗保险制度。健全统筹城乡的就业政策和服务体系，推动公共就业服务机构向乡村延伸，深入实施新生代农民工职业技能提升计划。落实城乡居民基本养老保险待遇确定和正常调整机制，推进城乡低保制度统筹发展，逐步提高特困人员供养服务质量，健全县、乡、村衔接的三级养老服务网络，推动村级幸福院、日间照料中心等养老服务设施建设，发展农村普惠型养老服务和互助性养老。推进农村公益性殡葬设施建设。推进城乡公共文化服务体系一体建设，创新实施文化惠民工程。

249. 如何全面促进农村消费？

加快完善县、乡、村三级农村物流体系，改造提升农村寄递物流基础设施，深入推进电子商务进农村和农产品出村进城，推动城乡生产与消费有效对接。加快实施农产品仓储保鲜冷链物流设施建设工程，推进田头小型仓储保鲜冷链设施、产地低温直销配送中心、国家骨干冷链物流基地建设。完善农村生活性服务业支持政策，发展线上线下相结合的服务网点，推动便利化、精细化、品质化发展，满足农村居民消费升级需要，吸引城市居民下乡消费。

250. “十四五”期间实施现代农业农村建设工程有哪些？

高标准农田、现代种业、农业机械化、动物防疫和农作物病虫害防治、农业面源污染治理、农产品冷链物流设施、乡村基础设施、农村人居环境整治提升工程等。

251. 如何建设智慧农村？

推广农业绿色生产方式。建立农业投入品电子追溯监管体系，推动化肥农药减量使用。加大农村物联网建设力度，实时监测土地墒情，促进农田节水。建设现代设施农业园区，发展绿色农业。

提升乡村生态保护信息化水平。建立全国农村生态系统监测平台，统筹山水林田湖草系统治理数据。强化农田土壤生态。

环境监测与保护。利用卫星遥感技术、无人机、高清远程视频监控系统对农村生态系统脆弱区和敏感区实施重点监测，全面提升美丽乡村建设水平。倡导乡村绿色生活方式。建设农村人居环境综合监测平台，强化农村饮用水水源水质监测与保护，实现对农村污染物、污染源全时全程监测。引导公众积极参与农村环境网络监督，共同维护绿色生活环境。

252. 如何加强农村饮用水水源保护？

加强饮用水水源保护，不仅关系到群众的身体健康，而且关系到经济社会可持续发展。

一是分类推进水源保护区或保护范围划定工作。以供水人口多、环境敏感的水源以及农村饮水安全工程规划支持建设的水源为重点，划定成农村饮用水水源保护区或保护范围。

二是加强农村饮用水水源规范化建设。设立水源保护区标志，推进农村水源环境监管及综合整治，提升水质监测及检测能力，防范水源环境风险。

三是健全农村饮水工程及水源保护长效机制。保障饮水工程安全、稳定、长期发挥效益，工程长效运行，规范开展水源及供水水质监测和检测。

四是加强组织领导。要进一步提高认识，认真履行职责、密切配合、协同作战，切实加强农村饮水安全保障工作。

五是强化宣传教育和公众参与。加强农村饮用水安全、水源保护等相关知识及工作的宣传力度，增强农村居民水源保护意识。

科学选用水源，切实加强水源保护，加强农村饮用水水质监测，加强饮用水工程建设的投入，强化基层水资源管理能力的建设，探索农民参与水源长效管护模式。

253. 我国农村污水处理的模式有哪些?

农村污水处理的模式主要有两种：集中处理模式和分散处理模式。

集中处理模式即在农户相对集中、地势有一定落差的地区，可以借助地势优势，将各户产生的生活污水经隔栅井收集汇流，然后经过地埋式厌氧净化沼气池进行处理。充分利用周围的废塘、洼地，采用生态塘处理系统和湿地处理系统，减少土地占用，节省投资。集中处理模式的处理方法主要是化粪池法、稳定塘法和人工湿地法。

分散处理模式即污水的分散处理模式，是对源于单独的住户和独立的社区及污水产生点的污水，进行收集、处理、排放的处理模式。针对多数农村地区布局分散的现状，先进的污水处理技术难以应用，适合采取因地制宜、运行费用低、便于维护的分散式污水处理方式。分散处理的主要方法是生物膜法。

254. 农村人居环境整治要坚持什么原则?

因地制宜、科学规划是开展农村人居环境综合整治的基本原则。各地要根据不同地理环境、不同风俗习惯以及当地经济发展水平来有序推进，在环境整治过程中还要兼顾农村田园风貌特征的保护，做到既尽力而为，又量力而行。

一是注重学习借鉴先进经验。浙江省的“千万工程”为我们提供了良好的示范，必须按照从易到难的原则来推进，在试点成功的基础上，扩大到面，通过实践探索，不断积累经验，最终实现整体提升。

二是注重因地制宜科学规划。坚持规划先行，按照先规划后实施的原则，根据不同村庄各自的人居环境现状，突出实用性，既要符合农村自身实际，尽可能满足广大农民的差异化、合理化需要，还要注重体现乡村特色。实行多规合一，做到乡村建设规划与土地利用总体规划、自然生态环境建设规划、产业发展规划等的衔接统一，强化农村房屋建设审批管控，实现乡村规划管理的全覆盖。

三是注重涵养乡村文化。农村田园风貌中饱含广大农民的家园情结，所有环境整治工作要注意保护地域特色，注重从总体上提升田、水、路、林、村风貌，留住乡情美景，留住浓浓乡愁。

255. 农村人居环境整治应建立怎样的运行机制？

农村环境基础设施建成后的管理和运营，要立足当前、着眼长远，注重加强农村人居环境整治的机制建设，并建立完善运行保障机制和监督措施。

一是注重总体设计规划。在对乡村建设进行规划时，要与县、乡土地综合利用总体规划和村土地利用规划进行统筹考虑和充分衔接，实现村庄规划管理基本覆盖，并将其纳入村规民约。

二是完善环境监管机制。为了确保各类基础设施能够按照规划如期建成，得到充分有效利用与维护，要积极实践，探索出一套规模化建设、专业化管理、社会化运营的建设管理模式。各级党委政府和相关部门也要主动作为，明确责任、制定标准，形成相应的村庄人居环境管护机制。

三是创新运营管理机制。加大农村生态环保法制教育力度，实行环境信息公开，确保农民知情权。农民参与环保要有救济制度，发生环境纠纷要有法律援助制度，以此支持保护广大村民和村集体经济组织，有效参与规划建设和运营管理的全过程。

256. 怎样充分激发村民在农村人居环境整治中的主体活力？

加快推进农村人居环境整治，村民是主体。发挥村民主体作用，充分激发村民参与村庄环境治理的积极性，是有效治理村庄环境的重要一环。

一是加大宣传引导力度。农村基层党组织要通过各种方式广泛宣传，对广大村民进行教育，使他们充分认识到治理农村人居环境，是关系到村民切身利益的一件实事，也是关系到我国全面建成小康社会宏伟目标的一件大事，还是关系到子孙后代幸福生活的好事。有效引导群众开展移风易俗活动，改善生活环境，提高生活质量。

二是提高文明健康意识。加强社会主义核心价值观的宣传教育，提高村民的精神文明程度，养成健康文明的生活方式，形成参与人居环境整治的自觉意识。

三是支持村民自治活动。开展农村人居环境整治工作，最终要通过村民自身来完成，因而各级政府不能越俎代庖，要在政策和法规允许的范围内，大力支持村民充分行使民主权利，通过一系列活动，如划定村内公共卫生环境维护责任、保护村庄古风古貌、褒扬乡村文明新风、开展民主评议、丰富完善村规民约等，鼓励村民参与农村环境整治和管理。有条件的地方可以探索成立农村环保合作社。

257. 如何避免农村环境脏乱差的情况反复出现?

建立健全村庄长效保洁机制。有条件的地方建立健全城乡统一的保洁机制，保障稳定的经费来源，建立保洁队伍，一把扫帚扫到底。通过政府和社会资本合作（PPP）模式，吸引社会资本参与农村垃圾污水处理项目。强化日常监督管理，确保农村环境常年干净整洁。

建立完善村规民约。将农村环境卫生要求纳入村规民约，通过群众评议等方式褒扬乡村新风，深化农民自我教育、自我管理。明确村民维护村庄环境的责任和义务，庭院内部、房前屋后环境整治应由农户自己负责。

组织开展评比活动。开展农村美丽庭院评比、环境卫生光荣榜等活动，激励引导村民主动爱护和维护环境卫生。提高村民文明健康意识，讲卫生、树新风，摒弃乱扔、乱吐、乱贴等不文明行为。

258. 农村人居环境整治资金筹措方式有哪些？

加大政府资金投入。中央财政持续加大对农村人居环境整治专项资金的投入力度，地方各级政府多渠道筹措资金，发挥广大农民和村集体积累的作用，扩大资金来源渠道，并设立专门账户，保证专款专用，提高资金使用效率，保障农村人居环境基础设施建设和运行资金。

获取金融领域支持。严格落实国家支持农村人居环境改善的相关金融政策，各类金融机构在信贷方面要积极开发金融产品，加大金融扶持力度，提供大额、长期、低成本的资金支持。

吸收社会资本参与。鼓励扶持有条件的企业反哺农村建设，积极参与农村人居环境整治项目。不断规范优化政府和社会资本合作（PPP）模式，吸引更多优质社会资本参与农村垃圾污水等处理项目。以乡情为纽带，引导农村在外成功人士、企业家等捐资捐物、结对帮扶，积极投身家乡建设。

259. 如何培育宜居宜业特色村镇？

围绕有基础、有特色、有潜力的产业，建设一批农业文化旅游三位一体、生产生活生态同步改善、一二三产业深度融合的特色村镇。支持各地加强特色村镇产业支撑、基础设施、公共服务、环境风貌等建设。打造“一村一品”升级版，发展各具特色的专业村。支持有条件的乡村建设以农民合作社为主要载体、让农民充分参与和受益，集循环农业、创意农业、农事体验于一体的田园综合体，通过农业综合开发、农村综合改革转移支付等渠道开展试点示范。深入实施农村产业融合发展试点示范工程，支持建设一批农村产业融合发展示范园。

260. 金融机构怎样在农村人居环境整治中发挥作用?

金融机构尤其是农村金融机构，应将农村人居环境整治作为重点工作，主动扎根基层，与企业和项目对接，进一步提升“三农”金融服务水平。

金融机构应创新信贷支持模式，积极对接农村人居环境整治 PPP 项目，将信贷资源安排向农村人居环境整治领域倾斜。围绕农村环境污染治理的技术短板，运用资金支持关键技术、工艺、装备研发，促进先进典型地区经验推广，加快科技成果转化应用。

金融机构应配合中央财政和地方政府保障水、电、路、气等农村基础设施和公共服务设施建设相关资金投入，积极介入市场化运作的农村基础设施重点项目。加大对易地扶贫搬迁、农村道路硬化、贫困村提升改造等相关项目的资金投入，改善农民生产生活条件。支持传统村落民居和历史文化名村名镇保护，助力建设美丽乡村。

创新精准化、定制化融资支持，提供信息咨询、融资顾问等服务，协助地方政府与建设企业完善投融资管理，充分发挥资金效益，为项目建设提质增效、为农村人居环境整治提供因地制宜的优质金融服务。

261. 畜禽粪污资源化利用典型模式主要有哪些?

粪污全量收集还田利用模式、粪污专业化能源利用模式、固体粪便堆肥利用模式、异位发酵床模式、粪便垫料回用模式、污水肥料利用模式以及污水达标排放模式等。

262. 土壤污染的治理方法有哪些?

培肥土壤。增施有机肥，提高土壤蓄水蓄肥能力，为土壤微生物提供良好的生存环境，从而提高土壤的自净能力。

深翻换土。通过将被污染的表层土壤深翻到底层，让未被污染的底层土壤翻上来，改变可耕作土壤的栽培环境。

生物净化。通过蚯蚓降解土壤中有害物质来净化土壤。通过各种转基因植物来吸收土壤中的有害物质，然后集中焚烧处理。

263. 如何理解推进农村“厕所革命”的意义？

农村“厕所革命”关系到亿万农民群众生活品质的改善。要把这项工作作为乡村振兴战略的一项具体工作来推进，努力补齐这块影响群众生活品质的短板。

小厕所，大民生。近年来，各地各有关部门积极行动、采取措施，农村改厕取得了一定进展，缺少卫生厕所状况有所缓解，相关疾病发生、流行得到一定控制，农民群众文明卫生素质有所提升。同时，各地农村改厕工作进展不平衡，重视程度不够，推动方式简单化，农民主体作用不突出，技术创新跟不上，农民群众“不愿用、没法用、用不上”等现象不同程度存在。“厕所革命”的重点在农村，难点也在农村。

“厕所革命”是顺应农民群众对美好生活的向往，把农村“厕所革命”作为改善农村人居环境、促进民生事业发展的重要举措，进一步增强使命感、责任感和紧迫感，坚持不懈、持续推进，以小厕所促进社会文明大进步。

264. 如何推进农村“厕所革命”？

明确任务要求，全面摸清底数。要认真落实《农村人居环境整治三年行动方案》对各类厕所数量和改厕标准的任务要求，组织开展农村厕所现状大摸底，以县域为单位摸清农村户用厕所、公共厕所、旅游厕所的数量、布点、模式等信息。深入开展调查研究，了解农村厕所建设、管理维护、使用满意度等情况，及时查找问题，及时跟踪农民群众对厕所建设改造的新认识、新需求。

科学编制改厕方案。要综合考虑地理环境、气候条件、经济水平、农民生产生活习惯等因素，结合乡村振兴、脱贫攻坚、改善农村人居环境等规划，按照村庄类型，突出乡村优势，体现农村风土人情，因地制宜逐乡（或逐村）论证编制农村“厕所革命”专项实施方案，明确年度任务、资金安排、保障措施等。中西部偏远山区、经济欠发达地区，特别是严寒、缺水地区，可以县域为单位合理确定农村改厕目标任务。

合理选择改厕标准和模式。加快研究修订农村卫生厕所技术标准和相关规范。要结合本地区农村实际，鼓励厕所粪污就地资源化利用，统筹考虑改厕和污水处理设施建设，研究制定技术标准和改厕模式，编写技术规范，指导科学合理建设。农村户用厕所改造要积极推广简单实用、成本适中、农民群众能够接受的卫生改厕模式、技术和产品。鼓励厕所入户进院，有条件的地区要积极推动厕所入室。农村公共厕所建设要以农村社区综合服务中心、文化活动中心、中小学、集贸市场等公共场所，以及中心村等人口较集中区域为重点，科学选址，明确建设要求。可按相关厕所标准设计，因地制宜建设城乡接合部、公路沿线乡村和旅游公厕，进一步提升卫生水平。施工建设砖混结构贮粪池时把不渗不漏作为基本要求，采用一体化厕所产品时注重材料强度和密闭性，避免造成二次污染。

整村推进，开展示范建设。要学习借鉴浙江“千村示范、万村整治”工程经验，总结推广一批适宜不同地区、不同类型、不同水平的农村改厕典型范例。鼓励和支持整村推进农村“厕所革命”示范建设，坚持“整村推进、分类示范、自愿申报、先建后验、以奖代补”的原则，有序推进，树立一批农村卫生厕所建设示范县、示范村，分阶段、分批次滚动推进，以点带面、积累经验、形成规范。

强化技术支撑，严格质量把关。鼓励企业、科研院校研发适合农村实际、经济实惠、老百姓乐见乐用的卫生厕所新技术、新产品。在建筑材料、无害化处理、除臭杀菌、智能管理、粪污回收利用等技术方面，加大科技攻关力度，强化技术推广应用。鼓励各地利用信息技术，对改厕户信息、施工过程、产品质量、检查验收等环节进行全程监督，对公共厕所、旅游厕所实行定位和信息发布。

完善建设管护运行机制。坚持建管并重，充分发挥村级组织和农民主体作用，鼓励采取政府购买服务等方式，建立政府引导与市场运作相结合的后续管护机制，做到有制度管护、有资金维护、有人员看护，形成规范化的运行维护机制。运用市场经济手段，鼓励探索推广‘以商建厕、以商养厕”模式，创新机制，确保建设和管理到位。组织开展农村厕所建设和维护相关人员培训，引导当地农民组建社会化、专业化、职业化服务队伍。

同步推进厕所粪污治理。因地制宜推进厕所粪污分散处理、集中处理或接入污水管网统一处理，实行“分户改造、集中处理”与单户分散处理相结合，鼓励联户、联村、村镇一体治理。积极推动农村厕所粪污资源化利用，鼓励各地探索粪污肥料化、污水达标排放等经济实用技术模式，推行污水无动力处理、沼气发酵、堆肥和有机肥生产等方式，防止随意倾倒粪污，解决好粪污排放和利用问题。

265. 怎样确保农村“厕所革命”奖补资金依法依规使用？

创新资金使用的管理模式。核心是简政放权，中央财政采取“大专项＋任务清单”的管理模式，将资金切块下达给地方，同时也将责任和权力下达给地方，由地方结合实际统筹安排，拿出切实有效的办法确保资金能够规范使用。中央财政资金主要支持粪污收集、储存、运输、资源化利用和后期管护等公共区域的投资。各地结合本地实际，确定支持方式、支持对象、支持内容，确保补贴资金切实惠及农村和农民。

加强对项目组织实施工作的指导。中央农办、农业农村部印发了《关于做好农村厕所革命整村推进财政奖补政策组织实施工作的通知》，强调了重点制度安排，包括加强组织领导、突出重点整村科学推进、科学编制实施方案、压实县级主体责任、因地制宜滚动推进、充分尊重农民意愿、做好信息公开确保规范、建立完善长效管护机制等八个方面的要求，确保政策落实落地。

加强监督和绩效考核。在项目实施过程中，及时掌握地方实施情况，及时发现项目实施过程中存在的问题，强化督导，完善制度，及时解决好存在的问题。同时，在项目实施中适时开展绩效评价，并将评价结果与下一年度的资金安排挂钩，压实地方责任。对项目实施或绩效评价过程中发现的套取、骗取、挤占、挪用以及违规发放补贴资金等行为，坚持零容忍态度，依法依规严肃处理。

266. 开展宜居乡村建设需要把握哪些工作特点?

宜居乡村是一项系统性综合工程，只有把握基本要求，深刻理解其“继承性、群众性、差异性、社会性”的工作特点，才能让所建成的乡村更宜居。

继承性。宜居乡村是对清洁乡村、生态乡村的继承和发展，不仅要继续抓好“清洁”和“生态”的建设，更要注重统筹推进生态环境、经济发展、社会事业发展和文化建设的协调发展，以此巩固和升华前两个阶段工作的成效。

群众性。宜居乡村建设是一项群众性的活动，活动源于群众，为了群众。活动是否能取得成效，重点是看能否把群众真正发动起来，是否以群众为主体。只有深刻认识到活动的群众性并予以践行，才能避免出现“干部拼命干，群众冷眼看”的现象，才能得到广泛认可。

差异性。区域社会经济发展水平，生态环境条件和民风民俗等因素使农村体现出较大的差异性，这也决定了不可能采用单一的建设模式。在政策的制定上，应从“项目导向”转为“基层需求导向”，真正达到服务工作惠民、基础设施便民的目标。

社会性。宜居乡村建设是一项需要全社会参与的系统建设工程，政府部门应从资金、人力、技术等方面进行统筹，树立“一盘棋”思想，动员全社会力量参与，协调好各方利益，突出各方优势，进一步构建“党委领导、政府主导、群众主体、社会参与、市场运作”的建设机制，营造凝心聚力谋建设的良好氛围。

267. 宜居乡村建设过程中应该注意哪些问题?

宜居乡村建设的长期性问题。宜居乡村建设是一个长期、持续的过程，要站在全局的角度进行规划和建设。定下方向目标之后，既要打好攻坚战，让农民群众直观感受到实实在在的变化，又要打好持久战，探索建立长效机制，防止一阵风，确保宜居乡村建设取得稳定持续的效果。

注意加强村民共建意识。宜居乡村建设为的是农民，靠的也是农民。由乡镇和包村工作组通过现代化手段建立信息发布平台，促使项目、政策等事项的宣传入户到人，让农民群众认识到乡村建设是共享改革红利的工程，自觉参与到宜居乡村建设中。

深化农村改革试点推进。按照守住底线、保护耕地的原则，持续推进农村土地承包经营权确权登记颁证工作，加快引导和规范农村土地经营权有序流转。要发挥村干部、农村经济能人的领头雁作用，按照“民办、民管、民受益”的原则，加快发展农民合作社，继续深化供销合作社综合改革，积极开展各种惠民服务工作，深入推进城乡基本公共服务均等化。

268. 建设宜居乡村具体可从哪些方面入手？

实施农房改造，实施道路改造，实施饮水改造，实施厕所改造；开展垃圾治理，开展污水治理，开展畜禽粪便治理，开展秸秆治理。

269. 山西省如何落实农村人居环境整治行动计划？

加强组织领导。完善中央部署、省负总责、县抓落实的工作推进机制。中央有关部门根据方案要求，出台配套支持政策，密切协作配合，形成工作合力。省级党委和政府对本地区农村人居环境整治工作负总责，明确牵头责任部门、实施主体，提供组织和政策保障，做好监督考核。强化县级党委和政府主体责任，做好项目落地、资金使用、推进实施等工作，对实施效果负责。市地级党委和政府做好上下衔接、域内协调和督促检查等工作。乡镇党委和政府做好具体组织实施工作。

加强考核验收督导。以本地区实施方案为依据，制定考核验收标准和办法，以县为单位进行检查验收。将农村人居环境整治工作纳入政府目标责任考核范围，作为相关市县干部政绩考核的重要内容。强化激励机制，评估督察结果要与中央支持政策直接挂钩。

健全治理标准和法治保障。建全农村生活垃圾污水治理技术、施工建设、运行维护等标准规范，分类制定农村生活污水治理排放标准。研究推进农村人居环境建设立法工作，明确农村人居环境改善基本要求、政府责任和村民义务。各地区结合实际，制定农村垃圾治理条例、乡村清洁条例等地方性法规和规范性文件。

营造良好氛围。组织开展农村美丽庭院评选、环境卫生光荣榜等活动，增强农民保护人居环境的荣誉感。充分利用报刊、广播、电视等新闻媒体和网络新媒体，广泛宣传推广各地好典型、好经验、好做法，努力营造全社会关心支持农村人居环境整治的良好氛围。

270. 山西省农村人居环境整治中“两下两进两拆”指什么？

管线下地和广告下墙，停车进库进位，拆除违建和围墙。

271. 山西省建设“四好农村路”指什么？

把农村公路建好、管好、护好、运营好，逐步消除制约农村发展的交通瓶颈。

272. 山西省数字政府建设中“一朵云、一张网、一平台、一系统、一城墙”指什么？

一朵云，指全省统一的政务云；一张网，指全省统一的政务网；一平台，指政务服务在线平台；一系统，指全省统一的政务信息系统；一城墙，指保障数字政府运行的安全体系。

第八章　走质量兴农之路

推进农业供给侧结构性改革是农业农村工作的主线，既要考虑量的平衡，也要实现质的提升和可持续发展；既要调整结构、调整布局，又要转变方式、创新机制。

273. 实施质量兴农战略的总体思路和发展目标是什么？

以推进农业供给侧结构性改革为主线，大力推进农业绿色化、优质化、特色化、品牌化，加快推动农业发展质量变革、效率变革、动力变革，全面提升农业质量效益和竞争力。

274. 质量兴农的重点任务是什么？

加快农业绿色发展，调整完善农业生产力布局，引导节约高效利用水土资源，推进农业投入品科学使用，加强产地环境保护与治理。

推进农业全程标准化，健全完善农业全产业链标准体系，加快引进转化国际先进农业标准，全面推进农业标准化生产。

促进农业全产业链融合，深入推进产加销一体化，强化产地市场体系建设，加快建设冷链仓储物流设施，创新农产品流通方式，积极培育新产业新业态。

培育提升农业品牌，着力构建农业品牌体系，完善品牌发展机制，加强品牌宣传推介，打造国际知名农业品牌。

提高农产品质量安全水平，加强农产品质量安全监测，提高农产品质量安全执法监管能力，强化农产品质量安全风险评估及预警。

强化农业科技创新，加强质量导向型科技攻关，加快提升农机装备质量水平，大力推广绿色高效设施装备和技术，加快数字农业建设。

建设高素质农业人才队伍，发挥新型经营主体骨干带动作用，壮大新型职业农民队伍，培育专业化农业服务组织，打造质量兴农的农垦“国家队”。

275. 如何健全绿色质量标准体系？

绿色农产品生产离不开良好的生产环境。近年来，我国大力实施质量兴农战略，加快转变粗放式农业生产方式，加快绿色标准化基地建设，着力推进农产品生产技术规范和标准体系建设，从源头上保障农产品质量，切实维护人民群众“舌尖上的安全”。

一是健全完善农业全产业链标准体系。加快建立与农业高质量发展相适应的农业标准及技术规范，全面完善食品安全国家标准体系，加快制定农兽药残留、畜禽屠宰等国家标准。建立健全农产品等级规格、品质评价、产地初加工、农产品包装标识、田间地头冷库、冷链物流与农产品储藏标准体系，构建现代化农业工程标准体系，提高工程建设质量和投资效益。

二是引进、转化国际先进农业标准。加快国内外标准全面接轨，实施“一带一路”农业标准互认协同工程，在适宜地区全面转化推广国际先进农业标准，推动内外销产品“同线、同标、同质”，加快推进我国农产品质量达到国际先进水平，深入参与国际食品法典委员会、国际植物保护公约等机制下的涉农国际标准规则制定和转化运用，支持企业申请国际通行的农产品认证，促进政府间标准互认合作。

三是建立农产品质量安全风险评估、监测预警和应急处置机制。强化农产品质量安全风险评估，将“菜篮子”和大众粮油植物产品全部纳入评估范围，依托农产品主产区（基地、企业、合作社、家庭农场、种植大户），设定监测点实施动态观测。强化检验监测预警，做到抽检一个产品，规范一个企业，建立监督抽检发现问题、查处问题的激励机制。强化应急处置，建立快速反应、信息通畅、上下系统协同、跨区联动的应急机制，提高应急处置能力。

四是完善农产品质量安全监管追溯系统。按照“互联网＋农产品质量安全”的理念，实施农产品质量安全追溯管理信息平台建设项目，率先将国家级和省级龙头企业、“三品一标”（无公害农产品、绿色食品、有机农产品和农产品地理标志）获证企业以及农业农村部门支持建设的示范基地纳入平台。建立统一的编码标识、信息采集、平台运行、接口规范等关键技术标准，出台农产品质量安全追溯管理办法。利用互联网、大数据、云计算和智能手机等新型信息技术成果，推动智慧监管。

276. 什么是质量兴农制度框架的“四高一强”？

“四高”：产品质量高、产业效益高、生产效率高、经营者素质高。

“一强”：国际竞争力强。

277. 如何增强乡村产业持续增长力？

健全绿色质量标准体系。实施国家质量兴农战略规划，制订和修订农业投入品、农产品加工业、农村新业态等方面的国家和行业标准，建立统一的绿色农产品市场准入标准。积极参与国际标准制订和修订，推进农产品认证结果互认。引导和鼓励农业企业获得国际通行的农产品认证，拓展国际市场。

大力推进标准化生产。引导各类农业经营主体建设标准化生产基地，在国家农产品质量安全县整县推进全程标准化生产。加强化肥、农药、兽药及饲料质量安全管理，推进废旧地膜和包装废弃物等回收处理，推行水产健康养殖。加快建立农产品质量分级及产地准出、市场准入制度，实现从田间到餐桌的全产业链监管。

培育提升农业品牌。实施农业品牌提升行动，建立农业品牌目录制度，加强农产品地理标志管理和农业品牌保护。鼓励地方培育品质优良、特色鲜明的区域公用品牌，引导企业与农户等共创企业品牌，培育一批“三字号”“乡字号”产品品牌。

强化资源保护利用。大力发展节地、节能、节水等资源节约型产业。

建设农业绿色发展先行区。国家明令淘汰的落后产能项目，列入国家禁止类产业目录的、污染环境的项目，不得进入乡村。推进种养循环一体化，支持秸秆和畜禽粪污资源化利用。推进加工副产物综合利用。

278. 如何提高农产品的供给质量？

因地制宜，以优势换市场。发挥好各地农业资源禀赋和资源优势，构建优势区域布局和专业化生产格局。

统筹发展，以联动促效率。加快发展粮经饲统筹、种养加一体、农牧渔结合的现代农业。

壮大优势，以特色促传播。以各地资源禀赋和独特的历史文化为基础，有序开发优势特色资源，做大做强优势特色产业。

保障质量，以质量树信誉。实施食品安全战略，加快完善农产品质量和食品安全标准及监管体系，加快建立农产品质量分级及产地准出、市场准入制度。

培育品牌，以品牌促增值。实施农业品牌提升行动，加快形成以区域公共品牌、企业品牌、大宗农产品品牌、特色农产品品牌为核心的农业品牌格局。

对外开放，以开放促提升。实施特色优势农产品出口提升行动，扩大高附加值农产品出口。

279. 农业发展质量变革中“一调两优三强化”是指什么？

“一调”是调结构。既要调整优化区域结构，也要调整优化粮经结构；既要调整优化种养结构，也要调整优化产业结构。

“两优”是优生态和优机制。优生态，即按照农业高质量发展要求，坚持绿色生态导向，大力推行绿色生产方式；优机制，是要建立健全质量兴农、绿色兴农、品牌强农体制机制和政策体系，深化土地制度改革，在坚持农村土地集体所有权、稳定农户承包权的基础上，引导经营权有序流转。

“三强化”是指强化品牌引领、强化主体培育、强化科技支撑。

280. 什么是农产品“四对标两强化”？

对标“最严谨的标准”，推进农业生产标准化生产，增加优质绿色农产品供给。

对标“最严格的监管”，推进风险防控，提升农产品质量安全治理能力和水平。

对标“最严厉的处罚”，用好法律武器，坚决打击各类违法违规行为。

对标“最严肃的问责”，建立健全农产品质量安全责任制。

进一步强化监管制度机制和强化队伍能力建设。

281. 我国农业转型发展要实现的“六个高”是什么？

产品质量高。绿色、品牌农产品要增加，要更好满足个性化、多样化、高品质的消费需求。

产业效益高。使农业投入产出效益高，农业的增值空间大。

生产效率高。农业生产更加绿色，劳动生产率、土地产出率、资源利用率全面提高。

经营者素质高。多种形式的适度规模经营要成为现代农业发展的引领力量。

国际竞争力高。中国是农业大国，农产品在国际市场要占有一席之地。

农民收入高。要增加新型经营主体的收入，也要使小农户有高的收入。

282. 粮经饲三元种植结构是指什么？

粮经饲三元种植结构是以粮食作物为主、经济作物为辅，分离出饲料生产，安排一定面积的土地和适当的作物茬口来生产饲料，人畜分粮，经济作物和饲料作物生产协调发展。

283. 农业结构调整应突出哪些重点？

调优产品结构，要突出“优”字。就是以市场需求为导向，消除无效供给，增加有效供给，减少低端供给，拓展中高端供给，优化农业供给体系。

调好生产方式，要突出“绿”字。即推行绿色生产方式，修复治理生态环境，让农业生产绿起来。

调顺产业体系，要突出“新”字。就是做强一产，做优二产，做活三产，推动农业生产环节升级，金链条升值，加快发展农村新产业新业态。

284. 怎样推进农业供给侧结构性改革？

实施乡村振兴战略，必须加快推进农业供给侧结构性改革。要走质量兴农之路，发展方式就必须由依靠拼资源消耗、拼农资投入、拼生态环境的粗放经营，转向资源节约、绿色可持续发展上来。要发挥优势，突出特色，因地制宜，稳中求进，以市场为导向，盘活农村资源，实现最优化配置。要通过提高农产品品质，实现农民增收。要加强“互联网＋”与农业的结合，让农民了解市场需求，促进城乡之间人流、物流、信息流互通有无，实现农业现代化，助力乡村振兴。

285. 为什么第二轮土地承包到期后再延长30年？

党的十九大报告中指出：“保持土地承包关系稳定并长久不变，第二轮土地承包到期后再延长30年。”这是自实行家庭承包经营、承包地“三权”分置后，党中央在完善农村土地经营制度方面的又一重大举措，是给全国农民群众吃下了一颗定心丸，对巩固和完善农村基本经营制度，促进现代农业发展，实现农村长治久安，都具有重大而深远的意义。

农村实行以家庭承包经营为基础、统分结合的双层经营体制，是我国农村改革的重大成果，是党的农村政策的基石。延长承包期30年，意味着在第二轮土地承包到期后的30年内，土地集体所有、家庭承包经营的基本制度不会改变，集体经济组织成员依法承包集体土地的基本权利不会改变。延长承包期30年，涉及广大农民群众切身利益，也涉及一些重大土地关系的确定。

286. 精品农业的内涵是什么？

精品农业概念是从最终产出的产品加以界定的，简单来说，产品必须是农产品中的精品，从而区别一般农业。精品农业不完全等同于高品质、高科技、高附加值的农业，具有高市场竞争力、高价格以及高收益的特点。

287. 什么是无公害农产品？

无公害农产品是指产地环境、生产过程和产品质量符合国家有关标准和规范要求，经认证合格获得认证证书并允许使用无公害农产品标志的未经加工或者初加工的食用农产品。

288. 无公害农产品产地应符合哪些条件？

根据《无公害农产品管理办法》，无公害农产品产地应当符合下列条件：产地环境符合无公害农产品产地环境的标准要求，区域范围明确，具备一定的生产规模。

289. 如何加快推进农业产业化龙头企业转型升级?

要推动龙头企业建立产权清晰、权责明确、管理科学的现代企业制度，进一步完善法人治理结构，提升经营管理能力，实施健康长远发展。引导企业按照做精基地、做深加工、做新业态的要求，向上游育种、肥料、饲料等环节前伸，向下游农产品深加工、市场营销等环节后延，在“互联网 + 农业”等方面集成优势，加强企业间联合与合作，构建从育种到田头、田头到餐桌的全产业链。鼓励龙头企业进一步加大科技研发投入力度，强化产学研协同，努力掌握发挥核心支持作用的知识产权，不断提升自主创新能力和科技成果转化能力，并积极支持符合条件的龙头企业创建农业高新技术企业。

290. 怎样促进小农户和现代农业发展有机衔接?

保护合法权益。保护小农户承包地、宅基地集体资产收益等财产权益，参与农业现代化和新型城镇化的发展权益，平等享受社会保障、公共服务等方面的权益。强化财政支持小农户政策，健全针对小农户的补贴机制。

提升自身发展能力。加强小农户科技装备应用，改善小农户生产基础设施。扶持小农户成为规模适度的家庭农场。支持发展特色优质农产品，鼓励新产业新业态。

开展合作与联合。鼓励小农户之间加强合作，引导农民合作社健康发展，完善集体经济组织功能，提高农业生产、农村生活的组织化程度。

支持带动发展。发展农业生产性服务业，引导新型经营主体完善与小农户利益联结机制，推进面向小农户产销服务，提升互联网及金融服务小农户水平，拓宽小农户农业保险覆盖面。

健全面向小农户的社会化服务体系。加快发展面向小农户的农业生产性服务，实施小农户生产托管服务促进工程，搭建区域农业生产性服务综合平台，创新农业技术推广服务机制，促进公益性农业技术推广机构和经营性服务组织融合发展。大力发展多种形式和模式的农业生产托管，支持托管服务组织，面向从事粮、棉、油、糖等大宗农产品生产的小农户开展关键环节的托管服务，推动农业生产托管规范发展。

291. 如何促进农民专业合作社健康发展？

建立健全政策法规，不断完善农民专业合作社法。制定优惠的财政税收政策，加大政府扶持。完善农村金融体系，改善融资环境。完善教育培训、信息咨询等服务。加强合作社监督指导，开展示范创建和典型宣传，拓宽合作社产品销售渠道。

292. 国家农业科技创新体系的重点任务是什么？

围绕现代农业产业科技体系建设，支持高校、科研机构、涉农龙头企业、规模化农业合作社、家庭农场等创新主体，大力发展产业科技。

围绕现代农业生产科技体系建设，用现代物资装备武装农业，用现代科学技术提升农业，用现代生产方式改造农业。

围绕现代农业经营体系建设，突出科技创新，支持农业现代化经营体系的升级和完善。

围绕现代农业科技社会化服务体系建设，促进农业农村科技服务更加多元、更加便捷、更加有效。

293. 如何理解互联网在农业领域中的应用？

农业是大数据的重要应用领域。“互联网 + 农业”是农业转方式、调结构的重要驱动力。农业互联网融合发展的四大重要领域分别是：通过物联网技术提高农业生产的机械化、自动化，实现精准控制，智能管理；通过农业电子商务实现农业经营网络化，实现农业新型商业模式发展；通过农业信息服务，搭建农民、市场和政府的新连线；通过大数据技术，搭建农业产业监测预警体系，形成全产业链数据系统。

294. 如何理解推进农产品区域品牌建设的重要性？

加快推进农产品区域品牌建设，是优化产品和产业结构，推进农业提质增效的有效手段，是转变农业发展方式、加快建设现代农业的一项紧迫任务，也是推进农业供给侧结构性改革的一个重要突破口。农业的特殊性决定了农产品区域品牌建设的重要性。打造标识性农产品独特品质的农产品区域品牌，推进农产品区域品牌建设，对于转变农业发展方式、建设现代农业、优化农产品结构、推进农业提质增效具有巨大的牵引作用和特殊意义。

295. 山西省实施区域公用品牌建设工程的具体举措有哪些？

继续推进“山西小米”品牌建设，新推出“山西高粱”“山西马铃薯”“山西荞麦”等6个省级区域公用品牌。加强杂粮区域公用品牌授权管理和产权保护，授权有关市人民政府做好省级区域公用品牌建设和运营工作。组织开展杂粮市、县级区域公用品牌建设，新推出市级区域公用品牌10个、县级区域公用品牌80个。支持杂粮企业做大做强企业品牌和产品品牌，重点打造50个产品质量优、品牌信誉高、经济效益好的企业品牌和200个科技含量高、品牌定位准、市场前景好的产品品牌。持续组织山西功能农产品品牌创建活动，开展“年度最具影响力”十大山西杂粮产品品牌评选活动。加快推进忻州“中国杂粮产地交易市场”建设，启动实施

“全国百市”品牌营销行动，组织杂粮企业积极参加“山西品牌中华行”等省外展销活动。积极扩大消费扶贫范围和领域，组织贫困地区杂粮产品开展产销对接活动。

296. 山西农业“五个转变”是什么？

加快推动农业发展方式由生产型向市场型转变、由粗放型向集约型转变、由家庭型向融合型转变、由数量型向质量型转变、由“靠山吃山型”向“两山理论型”转变。

297. 山西省农产品精深加工十大产业集群发展目标是什么？

根据山西省政府《关于加快推进农产品精深加工十大产业集群发展的意见》（晋政发〔2020〕5号），到2020年、2022年，全省农产品加工业产值分别达到2100亿元、2500亿元；到“十四五”末，全省农产品加工业产值突破3000亿元，农业总产值与工业产值比达到1：1.8，农村居民人均可支配收入达到1.8万元左右，十大产业原料生产良种化率提升3%～5%，培育引进年销售收入亿元以上的重点骨干企业200个以上；创建省级区域公用品牌5～6个，打造一批知名产品品牌。

298. 山西在涉农产业方面如何培育壮大新动能？

推动农业加快“五个转变”，聚焦“十大产业集群”，推动农产品加工精细化、特色化、功能化发展，将现代农业打造成转型发展的支柱产业、富民产业。要以“三大品牌建设年”为主题，围绕黄河、长城、太行“三大旅游板块”，紧扣山西文旅行业“安顺诚特需愉”六字要诀，抓好规划设计、项目建设、景区打造等重点工作，推动文化旅游业融合化、品牌化发展。要积极发展科技服务、高端商务、绿色金融、现代供应链、人力资本服务、会展服务、电子商务、智慧物流等现代生产性服务业，培育健康养老、文化休闲、家庭护理等生活性服务业，推动现代服务业专业化、品质化发展。

299. 怎样打造山西省酿品产业集群?

引导酿品骨干企业做大做强，充分挖掘酒、醋文化传统和酿造工艺，推动传统酿造工艺向现代化酿品工业生产转型，重点开发保健型、饮料型、调配型、高端收藏型等特色产品。鼓励白酒、食醋加工骨干企业加快整合中小企业，实现园区化、集群化发展，积极推进重点酿品产业园区建设。培育黄酒、果酒加工企业，加大黄酒、果酒市场开发力度。

打造“山西清香白酒”省级区域公用品牌，提升“山西陈醋”省级区域公用品牌形象，塑造“代县黄酒”区域公用品牌，进一步扩大红酒、果酒品牌影响力，努力提高山西省酿品在国内市场的占有率。

300. 如何打造山西省乳品产业集群?

按照“扶强扶优、龙头带动、百企跟进”的思路，推进“四个一批”，即培育一批现有药茶企业、发展一批现有中药企业、转型一批其他企业、招商引资引进一批省外药茶企业，逐步培育山西药茶骨干企业，不断提高全省药茶精深加工水平。引导果汁加工骨干企业持续改进果汁加工工艺，重点发展浓缩果汁和低糖型、多维型、功能型果汁饮品。

打造山西药茶区域公用品牌母子联动体系，鼓励药茶生产市（县）申报农产品地理标志登记保护，做大做强连翘叶茶、沙棘叶茶等药茶子品牌。努力提升省内知名果汁品牌市场占有率。建立健全山西药茶经纪人队伍，实施线上线下全面推进的营销战略。

301. 如何打造山西省主食糕品产业集群？

引导主食加工骨干企业立足传统主食加工，开发营养餐、即食性快餐、团餐等产品；引导杂粮加工骨干企业着力攻关杂粮口感、观感、方便食用等重点技术，建立完善技术标准，开发杂粮饼干、杂粮挂面、杂粮小吃、方便休闲食品。鼓励主食糕品“老字号”企业振兴传统老工艺，推进郭杜林月饼、太谷饼、闻喜煮饼、神池月饼等糕点精细化生产，创新开发山楂糕、鲜花饼等时尚糕点，打造具有山西特色的个性化、多元化、定制化、功能化主食糕品。

302. 怎样打造山西省肉制品产业集群？

引导养殖骨干企业投资建设一批屠宰、加工项目，逐步向深加工企业转型，引导羊肉加工骨干企业重点发展分割羊肉、酱卤熟羊肉、羊汤等膳食产品和快餐食品，引导牛肉加工骨干企业重点发展五香牛肉、高端定制牛肉等方便食品、休闲食品，引导鸡肉加工骨干企业重点发展分割鸡肉及深加工产品，引导熟肉加工骨干企业重点发展欧式火腿、培根、腌腊肉、酱卤肉、肉干、调理肉、肉罐头等产品。

打造“平遥牛肉”“上党驴肉”“雁北羊肉”等区域公用品牌，鼓励屠宰加工骨干企业创建一批肉制品自主知名品牌。加强大同肉类出口平台建设，培育引进全国一流企业入驻平台开展肉类进出口贸易，提升山西省肉制品品牌的国内外市场影响力。

303. 怎样打造山西省果品产业集群？

引导干果加工骨干企业迎合新兴消费需求，重点开发休闲干果食品。鼓励水果加工骨干企业重点开发罐装水果和低糖果脯蜜饯系列产品，以现代、时尚、国际化视野，开设全国连锁品牌店，打造海红果冰激凌、藜麦果冻、水果沙拉等高端果品。

打造“运城苹果”“吉县苹果”“隰县玉露香梨”“绛县大樱桃”“祁县酥梨”等区域公用品牌，以山西（运城）国际果品交易博览会为平台，扩大果业对外开放，推进果品转型升级，提升山西果品的国内外市场竞争力。

304. 怎样打造山西省功能食品产业集群?

引导胡麻加工骨干企业建设晋西北胡麻生产基地，重点开发亚麻籽油、亚麻籽蛋白等产品；引导杂粮加工骨干企业建设10个功能性杂粮生产基地，重点开发藜麦、富硒小米等产品；引导康养产品加工骨干企业建设5个晋东南康养基地，重点开发富硒小米、功能米粉、富硒樱桃等产品；引导林果加工骨干企业，建设5个晋西林果生产基地，重点开发功能性沙棘、红枣、核桃深加工产品。

打造“山西功能食品”区域公用品牌，设计推广“山西功能食品”logo，强化版权保护，加快绿色、有机、地理标志农产品认证，推进品牌营销。

305. 怎样打造山西省保健品产业集群?

引导保健食品骨干企业依托山西中医药大学、山西医科大学等科研力量，加强保健功能功效成分的研究，重点推动增强免疫力、辅助降血脂等特定保健功能的保健食品和营养素补充剂的研发。创新开发党参黄芪膏、杏鲍菇多肽口服液、山楂黄酮提取物等产品。

鼓励保健食品老字号企业以传统中医药配方为基础，打造一批自主知名品牌，对传统养生古方进行深入挖掘，保护和传承传统保健食品。

306. 山西省如何推动一产高质量高速度发展?

一是突出稳粮保供，在夯实农业发展基础上加大支持力度。对粮食、生猪生产大县予以奖补，对育种重点项目给予稳定支持，加大撂荒地开发治理、高标准农田建设力度，支持大中型灌区完成续建配套与现代化改造，支持农产品仓储保鲜冷链物流设施、农产品田头市场建设。

二是突出提质增效，在推动农业结构调整上加大支持力度。支持建设杂粮、蔬菜、干鲜果、中药材、马铃薯、食用菌等特优基地，加大对黄花种植基地、药茶优质原料基地建设的支持力度。支持草食畜和禽蛋类生产，持续推进奶业大省建设。新增设施农业5万亩以上。推动林下经济规模化、产业化、集约化发展。

三是突出精深加工，在打造十大产业集群上加大支持力度。支持各地打造各具特色的农产品精深加工优势区，在全省布局49个十大产业集群核心区和45个非核心区。重点支持261个十大产业集群项目建设。积极创建农业现代化示范区。支持区域公用品牌、企业品牌、产品品牌创建，开展功能农产品评价和“圳品”认证。

四是突出做优做强，在培育壮大市场主体上加大支持力度。落实好扶持农业产业化龙头企业发展的若干政策，支持家庭农场、农民合作社、农业产业化联合体等新型经营主体发展，支持供销合作社深化改革，扶持新型社会化服务组织发展。

五是突出科技创新，在强化农业科技支撑上加大支持力度。大力支持晋中国家农高区建设，持续推动“谷城院”一体化，加快建设有机旱作农业等省部共建重点实验室。加大农机购置补贴力度，开展农机作业补贴。推进农技、农机、农经“三支队伍”改革，实施科技特派员制度。强化农业防冻抗旱、动植物疫病防控等科技支撑。

六是突出优先保障，在破解要素瓶颈制约上加大支持力度。继续把农业农村作为一般公共预算优先保障领域，引导金融资本支持乡村产业，免费帮助农民群众提升技能水平和综合素质，加大对农民工等人员返乡入乡创新创业的支持力度，落实好乡村产业用电、用水、用气优惠政策，强化乡村产业发展用地保障。

七是突出益农增收，在完善利益联结机制上加大支持力度。继续支持脱贫地区乡村产业发展，加快完善企业联农带农机制，逐步把小农户纳入农业现代化体系，尽可能让农民群众参与乡村产业发展、分享产业增值收益。

307. 山西省省级政策性农业保险试点是指什么？

目前山西农业保险保障以种子、化肥等直接物化成本为主，保障的总体水平偏低，难以满足农户尤其是规模经营户日益增长的风险保障需求。2020 年底山西省出台《关于开展省级政策性小麦、玉米完全成本保险、产量保险、收入保险和未转移就业收入损失保险试点实施方案》，以探索开展涵盖农业生产成本、产量和收入等保障水平更高的险种为切入点，推出了一系列省级政策性农业保险举措，对于保障重要农产品有效供给，确保农民稳收增收具有重要意义。

从 2021 年起，按照不同地域、不同品种和生产风险，山西将在洪洞县开展小麦完全成本保险试点，在闻喜县开展小麦产量保险试点，在忻州市忻府区开展玉米完全成本（综合天气指数）保险试点，在朔州市朔城区开展玉米收入保险试点。同时在 4 县区同步开展未转移就业收入损失保险试点。该保险可进一步保障有能力外出务工但仍在农村开展主粮作物生产的种植农户，不因自然灾害、意外事故和市场因素造成种植收入的大幅减少，让农民能够安心种地、种好地。

第九章 推进城乡融合发展

立足新发展阶段，我国最大的不平衡是城乡之间发展的不平衡，最大的不充分是农业农村发展的不充分。推动城乡融合发展是破解主要矛盾的关键抓手，是全面推进乡村振兴的必然选择。

308. 城乡融合发展的内涵是什么？

城乡融合是一个多层次、多领域、全方位的全面融合概念，它包括城乡要素融合、产业融合、居民融合、社会融合、生态融合等。城乡融合发展的本质是通过城乡开放和融合，推动形成共建共享共荣的生命共同体。城乡生命共同体是命运共同体、利益共同体、责任共同体三位一体的有机整体。推动形成城乡命运共同体，核心要实现“五化”，即城乡公民权利平等化、城乡要素流动自由化、城乡公共资源配置均衡化、城乡公共服务均等化、城乡居民生活质量等值化。只有实现“五化”，城乡才能真正融合为一体，形成城乡生命共同体。

309. 如何理解推进城乡融合发展的重要意义？

推进城乡融合发展，既是破解新时代社会主要矛盾的关键抓手，又是国家现代化的重要标志，也是拓展发展空间的强大动力。

第一，城乡融合发展是破解新时代社会主要矛盾的关键抓手。党的十九大报告指出，社会主要矛盾已经转化为人民群众日益增长的美好生活需要和不平衡不充分的发展之间的矛盾。我国最大的不平衡是城乡关系的不平衡，最大的不充分是乡村发展的不充分。解决发展的不平衡、不充分问题，不断满足广大人民群众日益增长的美好生活需要，在很大程度上需要依靠城乡融合发展和乡村振兴。

第二，城乡融合发展是国家现代化的重要标志。“四化”（工业化、城镇化、信息化、农业现代化）同步发展是我国现代化建设的核心内容，也是核心任务。工业化处于主导地位，是发展的动力；农业现代化是重要的基础，也是发展的根基；信息化具有后发优势，为发展注入新的活力；城镇化是一个载体和平台，承接着工业化和信息化发展的空间，带动着农业农村的现代化加快发展，也发挥着不可替代的融合作用。如何处理好“四化”关系，特别是工农关系和城乡关系，在一定程度上决定着现代化的成败。因此，城乡融合发展既是现代化的抓手，也是重要的标志。

第三，城乡融合发展是拓展发展空间的强劲动力。我国最大的发展潜力和后劲在乡村，推动城乡融合发展和乡村振兴、促进乡村资源要素与全国大市场相对接，能够释放出可观的改革红利，也能够带动经济社会持续发展。建立城乡融合发展体制机制和政策体系是实现乡村振兴和农业农村现代化的重要制度保障。

第四，城乡融合发展是实现“两个一百年”奋斗目标的客观需要。实现“两个一百年”奋斗目标，短板在农村。当前，我国乡村常住人口还有5.64亿人，到2035年基本实现现代化时，仍会有约4亿人居住在乡村。即使到2050年，依然有几亿人居住在乡村。如果不进一步破除城乡二元体制、推进城乡融合发展，城镇化的虹吸效应会让乡村一步步走向衰落，乡村就不可能同步实现现代化，乡村振兴战略目标就无法实现，整个国家也无法实现全面现代化。

310. 怎样理解推进以人为核心的新型城镇化?

党的十八大以来，党中央、国务院做出推进以人的城镇化为核心、提升质量为导向的新型城镇化战略，并取得历史性成就。2020年底，我国常住人口城镇化率超过60%，城镇成为承载人口和高质量发展的主要载体。“十四五”时期，我国城镇化率仍将处于快速增长区间，城镇化建设将同步转向高质量发展阶段。在此大背景和大趋势下，需要牢固树立以人民为中心的发展思想，深入实施新型城镇化战略，遵循客观规律、破解突出问题，显著提升城镇化质量，使更多人民群众享有安全健康、较高品质的城镇生活，为全面建设社会主义现代化国家提供强大支撑。

第一，坚持以稳业安居为方向提升农业转移人口市民化质量。要统筹深化户籍制度和基本公共服务供给制度改革，推动农业转移人口稳业安居，更好满足他们融入城市的期盼。着眼于“留得下”，有序放宽城市落户限制，健全“人地钱挂钩”机制，推进城镇基本公共服务覆盖未落户常住人口，并切实维护进城落户农业转移人口的农村权益。着眼于“过得好”，促进农业转移人口更好融入城市，通过加强职业技能培训，切实解决好新市民安居问题，提高新市民对城市生活的认同感和归属感。

第二，以城市群为主体形态优化城镇化空间布局。要统筹体制机制和基础设施建设，进一步发展提升都市圈和壮大城市群，从而优化人口、产业和城市空间格局。以健全一体化发展机制为重点，健全多层次协调机制，完善成本共担和利益共享机制，促进市场监管统一互认、基础设施互联互通、公共服务共建共享、生态环境共保共治，优化城市群内部空间结构。同时，以轨道交通建设为先导，打造“1 小时通勤圈”，形成各具特色的产业圈，构建高品质生活圈，建设现代化都市圈。

第三，促进大中小城市和小城镇协调发展。要根据资源环境承载能力，合理确定城市规模、人口密度、空间结构。以破解“大城市病”为着力点，引导超大特大城市高质量集约发展；以培育省域副中心城市为抓手，提升各类城市功能品质；突出补短板强弱项，增强综合承载能力和治理能力。

第四，以全生命周期理念为指引推进城市建设和治理现代化。要坚持人民城市为人民，树立全生命周期理念，统筹城市规划、建设、管理，持续转变城市发展方式和运营模式，普遍推动建设宜居、韧性、创新、智慧、绿色、人文城市，在规划导向约束、强化空间治理、稳健有序开发、优化行政区划设置、健全体制机制等方面不断提升治理能力和水平，推动建设人民满意的现代化城市。

311. 如何统筹城乡发展格局?

统筹乡村生产、生活、生态“三生”同步改善，一产、二产、三产“三产”深度融合，着力提升乡村空间品质，服务乡村可持续发展是乡村空间发展的重点方向。

一要统筹利用乡村生产空间。乡村生产空间是以提供农产品为主体功能的国土空间。要立足特色资源优势、环境承载能力、人口聚集程度和经济发展条件，科学划分农村经济发展片区，切实保护农业生产区域。统筹推进农业产业园、科技园、创业园等各类园区建设，构建优势明显、集约高效的生产空间，将乡村生产活动融入区域性产业链和生产网络之中，实现农业生产的集约化、专业化。

二要合理布局生活空间。乡村生活空间是以农村居民点为主体，为农民提供生产生活服务的国土空间。生活空间影响人们生活的人居环境。

三要严格保护生态空间。乡村生态空间是具有自然属性、以提供生态产品或生态服务为主体功能的国土空间。良好生态是实施乡村振兴的有力支撑点。

312. 在实施乡村振兴战略中，乡村分类主要有哪些?

乡村分为集聚提升类村庄、城乡融合类村庄、特色保护类村庄、搬迁撤并类村庄等类型。

313. 什么是集聚提升类村庄?

集聚提升类村庄是指现有规模较大的中心村和其他仍将存续的一般村庄，具有较大的发展提升空间。目前我国大多数乡村都属于集聚提升类村庄，是乡村振兴的重点。根据历史沿革、地理区位、经济基础、产业发展情况，又可将该类村庄分为两个小类：一是通过撤乡并村等，由原来的两个及以上村庄合并形成的新村庄，并已发展成为经济强村，具有较好的经济基础，交通区位条件较好，且第二、第三产业已发展形成一定的规模。如江苏、浙江等经济发达地区的村庄多属于此种类型。二是产业发展以农业为主，第二、第三产业相对较弱的村庄。

集聚提升类村庄是乡村振兴的重点，应着重关注其自身比较优势，强化主导产业支撑，支持农业、工贸、休闲服务等专业化村庄发展，构建一二三产业融合发展的产业集群。要抓住其本土资源优势，突破现有发展瓶颈，实现村庄产业、人口、用地和文化的复兴，促进村庄功能转型和空间重构。

314. 什么是城乡融合类村庄?

城乡融合类村庄是指县城所在地及城市近郊区的村庄。随着城镇化进程的不断加快，城市发展的建设规模也在不断扩大，而周边的农村却没有跟上发展的步伐。为了让周边的农民安居乐业，把周边的村庄纳入城市融合发展，一起规划发展。这类村庄具备成为城市后花园的优势，也具有向城市转型的条件。

城乡融合类村庄可以综合考虑工业化、城镇化和村庄自身发展需要，加快城乡产业融合发展、基础设施互联互通、公共服务共建共享，逐步强化服务城市发展、承接城市功能外溢、满足城市消费需求能力，实现形态上保留乡村风貌、治理上体现城市水平。

315. 什么是特色保护类村庄?

特色保护类村庄是指历史文化名村、传统村落、少数民族特色村寨、特色景观旅游名村等自然历史文化特色资源丰富的村庄。一般来说，该类型村庄有明显的地理优势，交通出行便捷，有山有水，适宜居住；有相对集中的传统院落，古建筑风格特色突出；有深厚的人文资源优势，如历史事件、历史名人、非物质文化遗产的传承、民间传说、地方小吃等，是彰显和传承中华优秀传统文化的重要载体。

特色保护类村庄应注重统筹保护、利用与发展的关系，努力保持村庄的完整性、真实性和延续性。保护村庄的传统选址、格局、风貌以及自然和田园景观等整体空间形态与环境，全面保护文物古迹、历史建筑、传统民居等传统建筑。尊重原住村民生活形态和传统习惯，加快改善村庄基础设施和公共环境，合理利用村庄特色资源，发展乡村旅游和特色产业，形成特色资源保护与村庄发展的良性互促机制。

316. 什么是搬迁撤并类村庄？

搬迁撤并类村庄主要包括三大类，即位于生存条件恶劣、生态环境脆弱、自然灾害频发等地区的村庄，因重大项目建设需要搬迁的村庄，人口流失特别严重的村庄。

搬迁撤并类村庄可通过易地扶贫搬迁、生态宜居搬迁、农村集聚发展搬迁等方式，统筹解决村民生计、生态保护等问题，来实施搬迁撤并。此类村庄应严格限制新建、扩建活动，统筹考虑拟迁入或新建村庄的基础设施和公共服务设施建设。坚持与新型城镇化、农业现代化相结合，在尊重农民意愿的基础上，依托适宜区域进行安置，避免新建孤立的村落式移民社区。搬迁撤并原址可因地制宜复垦或还绿，增加乡村生产生态空间。

317. 如何建立城乡融合的长效机制？

建立健全有利于城乡要素合理配置的体制机制，建立健全有利于城乡基本公共服务普惠共享的体制机制，建立健全有利于城乡基础设施一体化发展的体制机制，建立健全有利于乡村经济多元化发展的体制机制，建立健全有利于农民收入持续增长的体制机制。

318. 为什么要以城市群为主体构建协调发展的城镇格局?

党的十九大报告中指出:“以城市群为主体构建大中小城市和小城镇协调发展的城镇格局。”这是党中央深刻把握和运用城市化和城市空间布局规律,对优化我国未来城镇体系战略格局做出的重大判断和战略导向。党的十九大报告强调以城市群为主体构建大中小城市和小城镇协调发展的城镇格局,目的就是要进一步强化城市群在我国城镇化战略格局中的主体地位,通过城市群的科学规划、合理布局,更好发挥城市群内部不同城市和小城镇相对密集分布、规模经济和范围经济显著、分工协作关系紧密的优势,形成大中小城市和小城镇协调发展的城镇格局。

319. 农村公共基础设施包括哪些?

农村公共基础设施是为发展农村生产和保证农民生活而提供的公共服务设施的总称,包括交通、邮电、农田水利、供水供电、商业服务、园林绿化、教育、文化、卫生事业等生产和生活服务设施。它们是农村中各项事业发展的基础,也是农村经济系统的一个重要组成部分,应该与农村经济的发展相协调。农村基础设施可分为:农业生产性基础设施、农村生活基础设施、生态环境基础设施、农村社会发展基础设施四个大类。

320. 农村公共基础设施建设的现状是什么?

乡村道路建设质量较差,农村电网设备差且用电成本高,农村集中式供水比例仍然很低,农村流通设施建设严重滞后,农村互联网普及率远低于城镇。

321. 如何扩大公共财政覆盖农村的范围?

构建推进乡村振兴战略的财力保障机制，坚持把农业农村作为财政支出的优先保障领域，进一步加大财政对“三农”的支持力度。

推进城乡融合发展体制机制建设，强化对乡村振兴战略的制度性供给。

通过财政引导构建多元共治的乡村治理格局，探索财政金融互动模式，推动金融和社会资本投入乡村。

322. “三区三线”指什么?

“三区”是指城镇、农业、生态空间。“三线”是指生态保护红线、永久基本农田保护红线和城镇开发边界。

323. “多规合一”是什么?

“多规合一”是将国民经济和社会发展规划、城乡规划、土地利用规划、生态环境保护规划等多个规划融合到一个区域，实现一个市县一本规划、一张蓝图，解决现有各类规划自成体系、内容冲突、缺乏衔接等问题。

324. 山西省如何强化空间用途管控?

按照全省主体功能区规划要求，统筹城乡空间开发保护，科学划定生态、农业、城镇三类空间和生态保护红线、永久基本农田、城镇开发边界三条主要控制线，并相互有机衔接协调，健全各类主体功能区空间发展长效机制，推动主体功能区战略在市（县）层面精准落地。坚持农业发展优先、生态保护优先，在保证农产品供给安全和生态安全的前提下，集约、高效、有序布局各类开发建设活动，注重开发强度管控，引导人口分布、产业布局等与当地水土资源、生态环境承载能力相适应。

325. 山西省是如何完善城乡布局结构的?

立足城乡融合发展，坚持中心集聚、轴线拓展、点线带面、协调发展的原则，构建都市圈、城市群、小城镇、乡村协调发展的城乡融合新格局。充分发挥新型城镇化、工业化对乡村振兴的辐射带动作用，增强城镇地区对乡村的反哺能力。完善县城综合服务功能，增强人口经济集聚能力，承接大城市产业外溢和功能疏解，推动农业转移人口就地就近城镇化。发展特色鲜明、产业融合、充满魅力的特色小镇和小城镇，提升城镇功能，补齐发展短板。以镇带村、以村促镇，推动镇村联动发展，强化以集镇为中心的农民生活圈建设。

326. 山西省如何推进城乡统一规划?

树立全域规划理念，通盘考虑城市和乡村发展，系统谋划城乡空间，合理布局居住空间、产业发展空间、农田保护空间、生态保护空间和公共基础设施空间，形成田园乡村与现代城镇各具特色、交相辉映的城乡发展形态。构建“村庄布点规划—村庄规划—村庄设计”三级乡村规划层级体系，所有县（市）全面完成县（市）域乡村建设规划编制。在村庄推行“一图、一表、一说明”的实用性村庄规划编制，实现村庄规划管理基本覆盖。

327. 山西省如何优化城乡发展布局?

根据全省主体功能区定位，按照空间集聚、组群推进、城乡融合、协调发展的原则，对国土空间的开发、保护和整治进行全面安排和总体布局，引导人口、产业向发展条件好的地区相对集中，推进城乡统一规划，加快形成城乡协调发展的空间格局。强化空间用途管控，完善城乡布局结构，推进城乡统一规划。

328. 山西省实施乡村振兴战略，如何统筹乡村发展空间？

根据全省乡村地域多样性、系统差异性和发展动态性特点，按照产业带动、生态提质、城郊融合、特色保护、搬迁撤并的思路，因地制宜，精准施策，分类推进。

打造集约高效生产空间。按照统筹协调发展、产业布局合理、区域特色明显、资源环境匹配的原则，统筹考虑山区、平川、城郊农业特点，健全农业生产功能区制度，科学合理划定粮食生产功能区、特色农产品优势区。适应农村现代产业发展需要，科学划分乡村经济发展片区，保护农业开敞空间，合理利用各类要素资源，促进不同类型产业集聚发展。统筹推进农业产业园、科技园、创业园等各类园区建设，探索培植乡村发展空间新载体，将乡村生产活动融入区域性产业链和生产网络之中。

营造宜居适度生活空间。遵循乡村传统习惯和格局，划定空间管控边界，以农村居民点为主体，为农民提供生产生活服务。明确用地规模和管控要求，确定基础设施用地位置、规模和建设标准，合理配置公共服务设施，引导生活空间尺度适宜、布局协调、功能齐全。充分挖掘原生态村居风貌，注重融入时代感、现代性，强化空间发展的人性化、多样化，构建便捷的生活圈、完善的服务圈、繁荣的商业圈，让原住居民过上有品质、更舒适的生活。

保护山清水秀生态空间。全面加强全省重点生态功能区保护，树立山水林田湖草是一个生命共同体的理念，切实加强对自然生态空间的整体保护，修复和改善乡村生态环境，提升生态功能和服务价值。推动重点生态功能区实施产业准入负面清单制度，因地制宜制定禁止和限制发展产业目录，明确产业发展方向和开发强度，强化准入管理和底线约束。

329. 山西省“一主三副六中心”城乡协调发展布局是什么？

以大都市大县城建设统筹城乡发展，按照“一主三副六市域中心”空间布局，高质量推进城镇化建设。

近年来，山西省城镇化步伐明显加快，但城镇空间格局不优，省会城市龙头作用亟须加强，中心城市集聚辐射力不强，城镇群发育较为缓慢，县城对农村的带动力不够，要强力打造太原都市区核心引擎；加快打造大同市、长治市、临汾市三个省域副中心城市；加快运城市、晋城市、阳泉市、朔州市、忻州市、吕梁市六个市域中心城市建设；积极推进大县城建设。

第十章　实现脱贫攻坚同乡村振兴有效衔接

脱贫摘帽不是终点，而是新生活、新奋斗的起点，要切实做好巩固拓展脱贫攻坚成果同乡村振兴有效衔接，让脱贫基础更加稳固、成效更可持续。

330. 为什么要实现巩固拓展脱贫攻坚成果同乡村振兴有效衔接？

2020 年底，全面打赢脱贫攻坚战，消除了千百年来困扰中华民族的绝对贫困问题。但脱贫不是终点，而是新生活、新奋斗的起点。巩固拓展脱贫攻坚成果、建立农村低收入人口和欠发达地区帮扶机制，推动乡村全面振兴，具有重大而深远的意义。

第一，巩固拓展脱贫攻坚成果、筑牢防止返贫致贫防线，需要做好有效衔接。脱贫攻坚战打赢了，把这个阵地攻下来不容易，守得住巩固好也不容易。一些农村脱贫户虽然收入超过了贫困线、实现了“两不愁三保障”，但并非就一劳永逸脱贫无忧了，有些脱贫基础比较脆弱的返贫风险较大。有些靠短期帮扶举措脱贫的、靠政策兜底脱贫的、刚过贫困线仍处于边缘的，一旦帮扶措施没了或力度不够，很容易返贫。一些收入略高于贫困线的边缘户家底薄，抗风险能力弱，生产生活一旦遇到变故沟坎，很容易再次陷入贫困。一些地方扶贫产业还没有实现自主稳定发展，如果外部扶持撤得过快，很可能半途而废，影响产业带动成效。一些地方易地扶贫搬迁主要解决了搬下来的问题，但真正实现稳得住、能致富还有大量工作要做。脱贫攻坚战的成果是历尽千辛万苦得来的，必须巩固住、拓展好，要按党中央要求对脱贫人口和脱贫地区扶上马、送一程，确保不发生返贫。

第二，帮扶低收入人口缩小同其他群体发展差距，需要做好有效衔接。经济社会发展客观规律决定了相对贫困现象将长期存在。近年来，建档立卡贫困户在脱贫攻坚政策扶持下，收入快速增长，逐步实现了脱贫目标，但一些收入略高于贫困人口的农村低收入人口增收缓慢成为突出问题。国家统计局调查数据显示，我国农村居民按收入五等份分组中，低收入组与高收入组人均收入比由 2000 年的 1 ∶ 6.5 扩大到 2018 年的 1 ∶ 9.3。农村低收入人口增收困难，农村内部收入分配差距扩大，需要引起高度重视。

农村低收入人口受到身体素质、职业技能、家庭情况、发展环境等方面制约，自主获得发展机会、资源要素的能力较差，没有政府和社会帮扶，他们的收入增长和生活改善难以跟上整个社会的发展步伐。“十四五”和今后一个时期，我国发展面临经济增长承压增大、区域发展走势分化的挑战，农村低收入群体增收难度加大，缩小居民收入差距的任务更为艰巨。需要高度重视解决农村低收入人口发展增收和民生困难问题，把这项工作放在实施乡村振兴战略的突出位置抓紧抓好，帮助农村低收入人口创造更有保障、更加宽裕的美好生活。

第三，推动脱贫地区乡村振兴，在全面小康基础上走向共同富裕，需要做好有效衔接。贫困地区脱贫摘帽以后，许多地方仍然存在自然条件恶劣、基础设施条件较差、公共服务短板突出、社会发展滞后、农民收入水平较低等突出问题。特别是西部一些刚脱贫摘帽地区的发展水平滞后，交通、水利、生产设施相对落后，教育、医疗、科技、管理等人才匮乏，特色优势产业带动力弱、可持续性差，农民文化素质和自我发展能力偏低。同时，脱贫地区为打赢脱贫攻坚战，一个时期以来将资源要素集中投向贫困村、贫困户，重点用于解决“两不愁三保障”问题，在完成脱贫任务的同时，许多想办、该办的事顾不过来，其他群体、其他区域、其他事业的均衡扶持和协调发展问题越来越突出。这些地区发展滞后仍然是我国发展不平衡不充分的突出表现。需要推动脱贫地区在巩固拓展脱贫攻坚成果的基础上将工作重心转到实施乡村振兴战略上来，加快改善乡村整体面貌，在乡村振兴中赶上来、不掉队。

“十四五”时期是巩固拓展脱贫攻坚成果的关键期，也是推动乡村全面振兴的关键期。需要充分认识做好巩固拓展脱贫攻坚成果同乡村振兴有效衔接的重要性紧迫性，将建立防止返贫长效机制纳入实施乡村振兴战略统筹安排、一体推进、常态实施，通过乡村全面振兴巩固拓展脱贫攻坚成果，加快共同富裕步伐，提高包括低收入人口在内的全体农民群众的获得感、幸福感、安全感。

331. 如何做好巩固拓展脱贫攻坚成果同乡村振兴有效衔接？

工作不留空当，政策不留空白。要健全防止返贫动态监测和帮扶机制（常态化监测），对易返贫致贫人口实施常态化监测，重点监测收入水平变化和“两不愁三保障”巩固情况，继续精准施策。对脱贫地区产业帮扶还要继续，补上技术、设施、营销等短板，促进产业提档升级。要强化易地搬迁后续扶持，多渠道促进就业，加强配套基础设施和公共服务，搞好社会管理，确保搬迁群众稳得住、有就业，逐步能致富。脱贫攻坚目标任务完成后，对摆脱贫困的县，从脱贫之日起设立 5 年过渡期。过渡期内要保持主要帮扶政策总体稳定。对现有帮扶政策逐项分类优化调整，合理把握调整节奏、力度、时限，逐步实现由集中资源支持脱贫攻坚向全面推进乡村振兴平稳过渡。

332. 什么是“三位一体”的精准扶贫？

“三位一体”是指专项扶贫、行业扶贫、社会扶贫等多方力量和多种举措有机结合，互为支撑的“三位一体”大扶贫工作格局。

333. 什么是扶贫开发工作的“六个精准”？

扶贫对象精准、项目安排精准、资金使用精准、措施到户精准、因村派人精准、脱贫成效精准。

334. 怎样理解精准扶贫中的“四个切实”？

切实落实领导责任，才能实现机制畅通；切实做到精准扶贫，才能实现“滴灌效应”；切实强化社会合力，才能实现整体联动；切实加强基层组织，才能实现根基牢靠。

335. 实施精准扶贫、精准脱贫战略中重点要解决好哪些问题？

重点解决好“扶持谁、谁来扶、怎么扶、如何退”的问题。

336. 精准脱贫中实施“五个一批”工程是什么？

发展生产脱贫一批、易地扶贫搬迁脱贫一批、生态补偿脱贫一批、发展教育脱贫一批、社会保障兜底一批。

337. 如何理解教育扶贫是精准扶贫战略推进的基础？

教育扶贫可以解决贫困地区最重要的人才短缺问题。贫困地区落后的原因之一是人力资源短缺，教育扶贫可以在很大程度上为贫困地区精准扶贫工作开展提供更多人才支持。

教育扶贫是贫困地区建立长远经济社会发展模式的智力保障。贫困地区要想建立长远经济社会发展模式，离不开大量高素质人才的参与。贫困地区初步脱贫后，要想缩小与发达地区经济社会发展差距，更需要高素质人才源源不断的智力保障。

教育扶贫是其他精准扶贫政策推进的基础。要将所有精准扶贫策略落到实处，真正发挥扶贫效果，需要优秀人才的参与，因此教育扶贫可以为经济产业扶贫、资金扶贫、技术扶贫等其他扶贫政策的落实与推进提供基础。

338. 精准扶贫中的“七个强化”指什么？

强化领导责任、强化资金投入、强化部门协同、强化东西协作、强化社会合力、强化基层活力、强化任务落实。

339. 如何理解“志智双扶”是打赢脱贫攻坚战的根本之策？

扶贫先扶志，扶贫必扶智。扶志就是扶思想、扶观念、扶信心，帮助贫困群众树立起摆脱困境的斗志和勇气；扶智就是扶知识、扶技术、扶思路，帮助和指导贫困群众着力提升脱贫致富的综合素质。如果扶贫不扶志，扶贫的目的就难以达到，即使一度脱贫，也可能会再度返贫。如果扶贫不扶智，就会知识匮乏、智力不足、身无长物，甚至造成贫困的代际传递。要从根本上摆脱贫困，必须智随志走，志以智强，实施“志智双扶”，才能激发活力，形成合力，从根本上根除滋生贫穷的土壤。

340. 脱贫攻坚“六个到村到户”和扶贫开发“四到县”指的是什么？

“六个到村到户”是指结对帮扶干部到村到户，产业扶持到村到户，教育培训到村到户，农村危房改造到村到户，扶贫生态移民到村到户，基础设施建设到村到户。

四到县指的是目标到县、任务到县、资金到县、权责到县。

341. 山西省如何实现巩固拓展脱贫攻坚成果同乡村振兴的有效衔接？

设立衔接过渡期。脱贫攻坚目标任务完成后，对摆脱贫困的县，从脱贫之日起设立5年过渡期。过渡期内保持现有主要帮扶政策总体稳定，并逐项分类优化调整，合理把握节奏、力度和时限，逐步实现由集中资源支持脱贫攻坚向全面推进乡村振兴平稳过渡。抓紧出台各项政策完善优化的具体实施办法，确保工作不留空当、政策不留空白。

健全常态化监测机制。健全防止返贫动态监测和帮扶机制，对易返贫致贫人口实施常态化监测，重点监测收入水平变化和“两不愁三保障”巩固情况，继续精准施策。

接续推进后续帮扶工作。对脱贫地区产业帮扶还要继续，补上技术、设施、营销等短板，促进产业提档升级。强化易地搬迁后续扶持，多渠道促进就业，加强配套基础设施和公共服务，搞好社会管理，确保搬迁群众稳得住、有就业，逐步能致富。

342. 山西省脱贫攻坚中具体举措有哪些？

坚持开发式扶贫与保障式扶贫并重，一体推进持续攻坚和防止返贫，不折不扣完成剩余脱贫任务。加强产业扶贫，完善带贫益贫机制，大力发展特色种养业、农产品精深加工、乡村旅游，持续推进光伏扶贫、电商扶贫、消费扶贫、就业扶贫等工作。全面落实低保、医保、养老保险、特困人员救助供养、临时救助、残疾人帮扶等兜底政策，做到应保尽保。对照“三落实”“三精准”“三保障”要求，紧盯重大政策、重点项目和重要机制落实情况，全面排查存在的问题，上半年全部整改到位。完善返贫预警和动态帮扶机制。严把贫困退出关，坚持现行标准，坚决杜绝数字脱贫、虚假脱贫。

落实“四个不摘”，全力巩固拓展脱贫成果，继续落实攻坚深度贫困“一县一策”和金融扶贫、土地支持、进城落户等政策，保持政策总体稳定、财政投入力度不减。深入推进“人人持证、技能社会”建设，开展创业培训指导，壮大农村集体经济、合作经济，加强扶贫资产管理，促进贫困群众持续稳定增收。做好易地扶贫搬迁后续扶持，确保权益有保障、就业有渠道、身份可融入。扎实推进拆旧复垦。深化扶贫扶志，多措并举激发贫困群众内生动力。

在配合做好国家普查36个国定贫困县的同时，对22个省定贫困县开展普查，严明工作纪律，确保过程扎实、结果可靠。

压紧压实党委政府主体责任、行业部门牵头责任、驻村干部帮扶责任，广泛动员社会力量参与，尤其要发挥县级党委指挥部作用，形成全面打赢脱贫攻坚战的强大合力。

343. 山西省巩固脱贫攻坚成果，坚持“四个不摘”是指什么？

坚持摘帽不摘责任、摘帽不摘政策、摘帽不摘帮扶、摘帽不摘监管“四个不摘”铁律，全力巩固拓展脱贫攻坚成果。

344. 山西省决胜完胜脱贫攻坚，保持“四个不减”是指什么？

保持脱贫攻坚势头不减，保持财政资金投入力度不减，保持政策措施支持力度不减，保持驻村干部帮扶力度不减。

345. 如何让贫困户在脱贫摘帽的基础上创造新生活、开启新奋斗？

要深入学习贯彻落实习近平总书记视察山西重要讲话重要指示，按照省委“四为四高两同步”总体思路和要求，将脱贫攻坚、全面小康、乡村振兴贯通起来。

要严格落实“四个不摘”重大要求，过渡期内保持现有帮扶政策总体稳定，投入力度不减、帮扶力量不减。

要精心编制好“十四五”规划，把农业现代化三大省级战略、十大产业集群培育和巩固脱贫成果结合起来，谋划好规划衔接、对象衔接、政策衔接和工作机制衔接，推动减贫战略和工作体系平稳转型。

要把技能就业作为硬性任务，下功夫抓好农村劳动力建档立卡、技能培训、持证就业，提高就业层次、稳岗拓岗和工资性收入。

要把产业振兴作为根本之策，下功夫发展特色产业、培育新型经营主体，完善带贫益贫利益联结，深化消费扶贫，促进产销衔接，推动产业带领、产业增收、产业致富。

要抓好易地扶贫搬迁后续扶持，相关部门各负其责跟进落实，解决好旧村拆除复垦、安置住房确权、产业就业、公共服务、社区建设、管理等问题。

要深化拓展生态扶贫路子，实现绿化、彩化、财化同步推进，增绿、增收、增效有机统一。

要教育治本斩断穷根，优化布局农村教育资源，就近就地就便服从就优，提高农村教育质量。

要推行新政兜牢保障，法治、德治、自治相结合，实施好城乡居民补充养老保险制度，把好事办好，实事办实。

要深入推进抓党建促脱贫攻坚，扎实开展“三零”村创建、农村环境整治和感恩奋进教育，管好用好扶贫资产，提升农村基层治理能力，让广大老百姓的生活越来越好。

346. 什么是“两不愁、三保障”？

“两不愁”就是稳定实现农村贫困人口不愁吃、不愁穿；

“三保障”就是保障其义务教育、基本医疗和住房安全。

347. 山西省决战完胜脱贫攻坚战“三落实”“三精准”指什么？

“三落实”：责任落实、政策落实、工作落实；

“三精准”：精准识别、精准帮扶、精准脱贫。

第十一章　激发内生动力

实施乡村振兴战略，要坚持农业农村优先发展，把解决“三农”问题作为全党工作的重中之重，持续加大强农、惠农、富农政策力度，全面深化农业农村改革，健全城乡融合发展体制机制，从而不断激发乡村振兴内生动力。

348. 如何理解全面推进乡村振兴需要深化农村改革？

健全城乡融合发展机制，推动城乡要素平等交换、双向流动，增强农业农村发展活力。落实第二轮土地承包到期后再延长30年政策，加快培育农民合作社、家庭农场等新型农业经营主体，健全农业专业化社会化服务体系，发展多种形式适度规模经营，实现小农户和现代农业有机衔接。健全城乡统一的建设用地市场，积极探索实施农村集体经营性建设用地入市制度。建立土地征收公共利益用地认定机制，缩小土地征收范围。探索宅基地所有权、资格权、使用权分置实现形式。保障进城落户农民土地承包权、宅基地使用权、集体收益分配权，鼓励依法自愿有偿转让。深化农村集体产权制度改革，发展新型农村集体经济。健全农村金融服务体系，发展农业保险。

349. 如何理解建立农村低收入人口和欠发达地区帮扶机制？

帮助农村低收入人口和欠发达地区加快发展，是全面建设社会主义现代化国家的重大任务，也是实现共同富裕的战略举措。建立农村低收入人口和欠发达地区帮扶机制，需要重点抓好以下4项工作。

第一，健全防止返贫监测和帮扶机制。巩固脱贫攻坚成果首先要筑牢防止返贫的“防护堤”。需要把事前预防和事后帮扶结合起来，通过建立健全返贫风险快速发现和响应机制，对脱贫不稳定户、边缘易致贫户等开展常态化预警监测，对存在返贫风险的分层分类及时纳入帮扶范围，健全防止返贫的制度安排。脱贫攻坚期间，全国有960多万人通过易地扶贫搬迁实现了“挪穷窝”，但就业增收压力大、安置区配套设施和公共服务不健全等问题仍然突出，需要做好易地扶贫搬迁后续帮扶工作，确保稳得住、能致富。针对一些地方扶贫资产家底不清、产权不明、监管不严、管护机制不健全等问题，需要加强扶贫项目资金资产管理和监督，落实监管责任，防止资金资产流失，确保扶贫项目资产持续发挥作用。发展壮大特色产业是巩固拓展脱贫攻坚成果的根本举措，需要着力强化产业基础，注重长期培育和扶持，提高质量效益和竞争力，增强对农户发展增收的带动能力。

第二，建立农村低收入人口帮扶机制。农村低收入人口生活困难和发展困境成因复杂，需要对症下药、精准帮扶，重在制度建设，形成长效机制。通过加强对农村低收入人口监测筛查，重点把特困供养人员、低保对象和低保边缘家庭、刚性支出较大的困难家庭等识别筛查出来。农村社会保障和救助制度，对建立低收入人口帮扶机制意义重大，需要适应新的形势要求加以健全和完善。农村最低生活保障制度，是困难群众基本生活保障的兜底机制，需要科学确定农村最低生活保障范围和保障标准，健全同经济社会发展水平相适应的动态调整机制，确保应保尽保、应兜尽兜。健全社会救助制度，需要因需施救、精准施救，形成覆盖全面、分层分类、综合高效的社会救助格局，实现农村低收入人口困有所助。对有劳动能力的农村低收入人口，需要及时纳入乡村产业振兴和就业创业促进政策范围统筹扶持，通过激发内生动力、提高发展能力，帮助他们依靠自己的力量过上更加美好的生活。

第三，建立欠发达地区帮扶机制。脱贫地区乡村发展滞后仍然是今后一个时期的突出问题，迫切需要通过乡村振兴着力补齐短板，加快发展步伐。全国832个贫困县脱贫摘帽后，由于其发展条件和水平参差不齐，有的已经有了良好发展基础、具备自主发展条件，有的还没有形成“造血”发展能力，仍需要接续扶持。在西部地区脱贫县中集中支持一批乡村振兴重点帮扶县，增强其巩固脱贫成果及内生发展能力，这是支持欠发达地区加快发展、缩小区域发展差距的重大举措，也是巩固拓展脱贫攻坚成果的内在要求，需要科学确定帮扶对象，集中力量重点扶持，增强自我发展能力，加快乡村全面振兴。

第四，坚持和完善社会力量参与帮扶机制。扶危济困是中华民族的优秀品德，社会帮扶是扶贫减贫的重大举措。坚持和完善东西部协作和对口支援、社会力量参与帮扶等机制，需要动员社会各方力量、完善帮扶方式、提高帮扶成效，形成先富帮后富、实现共同富裕的强大合力。

350. 制度创新对于激发乡村资源要素活力有什么意义？

制度创新可有效突破城乡人才和资源双向流动的制度障碍，引导更多社会资本、企业踊跃到乡村投资兴业，激励各类人才在农村广阔天地大施所能、大展才华，带动乡村产业发展，从而不断提高乡村集体和个人收入，促进乡村环境的改善和农村居民生活方式的转变，逐步缩小城乡差距。

351. 如何推进乡村振兴制度性供给？

以处理好农民与土地的关系为主线，推进土地制度改革，完善农村产权制度，激活农村各类生产要素潜能，建立符合市场经济要求的农村集体经济运营新机制，为乡村振兴添活力、强动力、增后劲。

推进农业农村各类人才队伍建设。打好“乡情牌”，念好“引才经”，构建支持引导社会各方面人才参与乡村振兴的政策体系，打通促进人才向农村、向基层一线流动的通道。

增加农村投入。公共财政要更大力度向“三农”倾斜，加快设立国家融资担保基金，支持地方政府发行一般债券用于支持乡村振兴和脱贫攻坚领域的公益性项目，撬动更多金融和社会资本投向乡村振兴。

缩小城乡发展差距和居民生活水平差距，促进城乡要素自由流动，以交换和公共资源合理配置加快形成工农互促、城乡互利、全面融合、共同繁荣的新型工农城乡关系。

加快农业市场体系建设，不断提高农产品商品率和生产要素配置效率，为农业提质增效释放重力。

352. 如何通过制度创新强化乡村人才保障?

构建人尽其才、才尽其用的保障体系。营造良好的创新创业环境，在资金、风险保障、技术服务等方面做好配套服务，形成像城市吸引农村人才那样的对等的制度安排，加快人才智力向乡村流动。

构建人才向乡村流动的激励机制。将政府引导与市场机制相结合，强化服务“三农”人才的晋升激励、待遇激励与责任，促进人才智力向乡村流动。

健全促进农民增收的长效机制。拓宽农民增收渠道，持续缩小城乡居民生活水平差距，提高农民作为市场主体的积极性，吸引更多在外务工、经商的本土人才回乡投资、创业或开展各项服务。

353. 如何通过制度创新推进农民收入增长?

完善促进农民工资性收入增长机制。规范招工用人制度，健全城乡均等的公共就业创业服务制度，提高新生代农民工职业技能培训的针对性和有效性，推动形成平等竞争、规范有序、城乡统一的劳动力市场。

健全农民经营性收入增长机制。建立农产品优质优价正向激励机制，引导龙头企业与农民共建农业产业化联合体，促进小农户和现代农业发展有机衔接，培育发展新型农业经营主体。

建立农民财产性收入增长机制。以市场化改革为导向，深化农村集体产权制度改革。

强化农民转移性收入保障机制。履行好政府再分配调节职能，完善对农民直接补贴政策，健全生产者补贴制度，逐步扩大覆盖范围。

354. 如何推进乡村振兴战略的财力保障机制?

把农业农村作为财政支出的优先保障领域，进一步增加财政对“三农”的支持力度，确保农业农村投入规模适度增加和比例有所提高。

优化财政供给结构，加快建立涉农资金统筹整合长效机制，改变过去财政涉农资金使用和管理碎片化的情况。

创新财政投融资机制，鼓励社会积极参与，确保投入力度不断增强、总量持续增加，形成财政、金融、社会和农民的多元化投入格局。

355. 如何通过创新投融资模式为乡村振兴提供有力支撑?

明确农民和农村集体企业的主体地位，围绕“三农”开展经济社会发展布局，培育家庭农场、农民合作社等新型经营主体，支持返乡入乡创业。

将现有资源转化为资产，将资产转化为资本，使农民和农村集体经济参与乡村振兴战略中的投融资活动。

构建稳定的现金流，选准具有乡村特色的优势产业，深入挖掘产业链价值。

设计合适的商业模式，通过保底分红、股份合作、利润返还等多种形式，让农民合理分享全产业链增值收益。

356. 怎样鼓励社会资本积极参与乡村振兴建设?

明确重点投资领域。对于乡村急需投资建设的领域，通过建立健全利益共享机制，盘活农村自然资源、集体资产和农民房产。

构建支持政策体系，综合运用财政、土地、金融、税收等政策手段，通过以奖代补、民办公助、政府购买服务等多种方式，加大对社会资本投资项目的支持力度。

搭好投资对接服务平台，全面加强政府服务农业农村领域项目平台建设，为社会资本投资乡村振兴提供项目信息、规划、融资、建设、运营等一揽子服务，解决信息不对称问题，提高社会资本投资效率，降低社会资本投资风险。

357. 怎样理解探索宅基地所有权、资格权、使用权分置实现形式?

农村宅基地改革，涉及广大农民切身利益，关系乡村全面振兴和城乡融合发展大局。

探索宅基地所有权、资格权、使用权分置实现形式，需要紧紧围绕正确处理农民和土地的关系这一主线，以保障农民基本居住权为前提，建立适应乡村振兴要求的宅基地制度。一是探索宅基地所有权实现形式。农村宅基地属于农民集体所有，需要围绕界定所有权权能、明确集体管理职责、保障所有权权益等问题，探索集体经济组织干什么、怎么干，重点明确农村集体经济组织承担的宅基地分配、调整、收回、监督等职能，探索宅基地重大事项决定和矛盾纠纷调解机制。同时，需要处理好集体同农民的关系，既要依法保护集体所有权权益，也要保障农民宅基地合法权益。二是探索宅基地资格权实现形式。宅基地农户资格权，是农户作为农村集体经济组织成员所获得的保障基本居住的资格权利，只有农村集体经济组织成员才有宅基地资格权。需要围绕保障农民宅基地合法权益，在宅基地资格权认定、宅基地分配、农民住房保障方式等方面开展探索，既注重保护农户基于集体经济组织成员身份获得宅基地分配资格的权利，也注重保护农户凭集体经济组织成员身份得到宅基地后的占有、使用、处置等方面的权利。重点探索宅基地资格权人认定机制、资格权权能和多种实现形式、农民户有所居的多种保障形式、农民建房用地指标保障机制等。三是探索宅基地使用权实现形式。放活宅基地使用权，是保障农民财产权利的重大举措，也是盘活利用闲置宅基地的重要途径。需要在落实宅基地集体所有权和保障宅基地农户资格权基础上，在宅基地使用权流转形式、权能实现和农民房屋财产权保障等方面进行探索，重点探索农村集体经济组织及其成员通过自营、出租、入股、合作等多种形式，盘活利用农村闲置宅基地和闲置住宅发展乡村产业的有效途径，提高闲置宅基地和农房利用效率效益，增加农民和农村集体经济组织财产性收入。

探索宅基地所有权、资格权、使用权分置实现形式，既涉及资源利用和经济发展，也涉及农村民生和社会稳定，需要坚守底线、稳慎推进。坚持改革的正确方向，必须坚持农村土地集体所有不动摇，保障农民基本居住权利和物质利益，严守土地公有制性质不改变、耕地红线不突破、农民利益不受损的底线。宅基地改革需要坚持尊重农民意愿，充分发挥农民的积极性、主动性，支持农民的创新创造，把选择权交给农民，通过民主协商化解矛盾、解决问题，不搞一刀切，农民不接受不能强制推行，保持足够历史耐心，让改革得到群众拥护、惠及广大农民。宅基地改革需要注重统筹协调、系统集成，做好基础工作，搞好配套改革，强化宅基地规划管控和审批监管，探索宅基地有偿使用和退出机制，加强同农村集体产权制度、土地征收、集体经营性建设用地入市等改革的衔接，推动同户籍、财税、社保、金融等领域改革的协调配套，形成完善宅基地制度、加快乡村振兴的强大合力。

358. 深入推进农村土地制度改革需采取哪些措施？

继续深化农地产权制度改革。进一步深化农地“三权”分置改革，在依法保护集体所有权和农户承包权的前提下，平等保护经营者的土地经营权。

深化农村宅基地制度改革。深入推进宅基地所有权、资格权、使用权分置改革，落实宅基地集体所有权，保障宅基地农户资格权和农民房屋财产权，适度放活宅基地和农民房屋使用权。

统筹推进征地、农用地、集体经营性建设用地、宅基地改革。在构建土地制度时，统筹考虑工业用地、乡村建设用地、城镇化用地等建设用地需求结构，考虑农业用地与非农业用地的比例限制，促进城乡协调、工农业协调发展。

深入推进土地利用规划制度改革，搞好重点镇、中心镇、特色镇、中心村、一般村的土地利用规划，制定规划时，为农村公益性建设用地、新产业用地、市场调节用地预留好空间。

实行更加严格的土地监管制度，严守耕地红线和生态红线，严防土地的粗放使用和闲置浪费。

359. 土地制度改革对发挥农村土地效益有什么意义?

提升农民的土地权益。通过土地确权强化农户土地承包经营权的物权保护，让农民的土地可以转让、继承、抵押，法律上享受平等权利。

盘活农村土地资源。通过土地经营权流转，培育新型农业经营主体，鼓励和引导城市资本下乡、返乡农民工创业，适当规模经营、发展特色产业和优势产业，一二三产业融合，发挥农业供给侧结构性改革的引领作用，发挥土地的真正效益。

360. 为什么要保障进城落户农民土地承包权、宅基地使用权、集体收益分配权，鼓励依法自愿有偿转让？

随着我国工业化、城镇化深入推进，大量农民进城务工经商，有的已在城镇落户。如何保障进城落户农民在农村集体经济中的合法土地权益，是当前和今后一个时期亟待解决的问题。从政策层面上讲，这一问题包括相互联系的两个层面。

第一个层面，是如何有效维护进城落户农民的土地权益。土地承包权、宅基地使用权、集体收益分配权是我国法律赋予农民的基本权利，是农村土地集体所有制的根本体现。《中华人民共和国农村土地承包法》规定："国家保护进城农户的土地承包经营权。不得以退出土地承包经营权作为农户进城落户的条件。"《中华人民共和国土地管理法》规定："国家允许进城落户的农村村民依法自愿有偿退出宅基地，鼓励农村集体经济组织及其成员盘活利用闲置宅基地和闲置住宅。"《中华人民共和国民法典》对农民的土地承包经营权、宅基地使用权的取得、行使、转让等做出了进一步的法律规范。党和国家的政策、法律都对维护进城落户农民合法土地权益发挥了重要作用。

第二个层面，是如何促进进城落户农民土地权益的转让。现阶段，由于进城落户农民的土地权益缺乏有效转让通道，"人地分离"的农户越来越多，并带来一系列负面影响。

保障进城落户农民土地承包权、宅基地使用权、集体收益分配权，鼓励依法自愿有偿转让，就是推动各地和有关部门积极探索进一步破解上述两个层面问题的正确路径和方法。相比较而言，第一个层面的问题近年来得到了较好的解决，政策法规也日臻明确、完善，农民维护自身合法土地权益的意识也在增强。下一步需要更多关注第二个层面的问题，即如何促进进城落户农民土地权益的转让。解决这一问题的正确途径，就是坚持通过采用市场经济的办法，对转让或退出农村土地权益的进城落户农民给予合理补偿。这样既可以减少土地转让的阻力，有利于促进土地的规模经营；又可以实现土地的价值，增加农民财产性收入，有利于他们更快融入城镇。为此，需加强对农村土地权益转让、退出机制改革的制度设计，积极开展试点探索，加快构建土地权益顺畅流转的市场化通道，推动农村土地资源社会效益和经济效益“双提升”，实现国家、集体、个人利益“多赢”。在完成农村承包地确权登记颁证的基础上，加快推进农村宅基地和农民住房确权登记颁证。全面推开农村集体产权制度改革，有序开展集体经济组织成员身份确认、集体资产折股量化、股份合作制改革，进一步明晰农民集体收益分配权。积极培育农村产权交易市场，推动土地权益转让公开、公平、规范运行，通过市场交易发现价格、提高土地要素配置效率，使土地资源要素得以高效、顺畅流转。

进城落户农民土地权益的维护和转让，是一项政策性很强的工作，在实践中需要坚持依法自愿有偿原则，特别是不得以退出承包地和宅基地作为农民进城落户的前置条件。坚持严格土地用途管制和规划管控，严禁城镇居民到农村购买宅基地，严禁利用农村宅基地建设别墅大院和私人会馆，坚决杜绝集体土地失管失控。

361. 完善城乡融合发展体制机制有什么意义？

以人民为中心的内在要求。我国现阶段有一大部分农村劳动力在城镇和农村流动，不仅潜在消费需求难以释放、城乡双重占地问题很难解决，还会带来大量社会矛盾风险。

解决社会主要矛盾的必然选择。农业目前还是“四化同步”的短腿，没有农业现代化，没有农村繁荣富强，没有农民安居乐业，国家现代化就不完整、不全面、不牢固。

为拓展发展空间提供强大动力。我国城乡发展不协调的矛盾依然比较突出，如果能把这些潜在的矛盾和差距激发出来并拉动供给，就会成为新的增长点，形成推动发展的强大动力。

362. 建立城乡融合发展体制机制和政策体系的主要任务有哪些？

根据中共中央国务院《关于建立健全城乡融合发展体制机制和政策体系的意见》（2019 年 4 月 15 日）：

一是建立健全有利于城乡要素合理配置的体制机制。破除妨碍城乡要素自由流动和平等交换的体制机制壁垒，促进各类要素更多向乡村流动，在乡村形成人才、土地、资金、产业、信息汇聚的良性循环。

二是建立健全有利于城乡基本公共服务普惠共享的体制机制。推动公共服务向农村延伸、社会事业向农村覆盖，加快健全全民覆盖、普惠共享、城乡一体的基本公共服务体系，推进城乡基本公共服务的标准统一、制度并轨。

三是建立健全有利于城乡基础设施一体化发展的体制机制。把公共基础设施建设的重点放在乡村，坚持先建机制、后建工程，加快推动乡村基础设施提档升级，加快实现城乡基础设施的统一规划、统一建设、统一管护。

四是建立健全有利于乡村经济多元化发展的体制机制。瞄准这个发展方向，完善农企利益紧密联结机制，实现乡村经济多元化和农业全产业链发展。

五是建立健全有利于农民落实以人民为中心的发展思想，鼓励勤劳致富，统筹提高农民的工资性、经营性、财产性、转移性四方面的收入。

363. 怎样健全城乡要素合理配置的体制机制?

健全农业转移人口市民化机制。重点放开放宽除个别超大城市外的城市落户限制，并以居住证为载体，实现城镇基本公共服务全覆盖。

建立城市人才入乡激励机制。鼓励本地外出的各类人才返乡创业兴业，推动各类人才入乡创业，允许农村集体经济组织探索人才加入机制。

改革完善农村承包地制度。落实好第二轮土地承包到期后再延长30年的政策，完善农村承包地“‘三权’分置”制度。

稳慎改革农村宅基地制度。加快探索宅基地所有权、资格权、使用权“‘三权’分置”，探索对增量宅基地实行集约有奖、对存量宅基地实行退出有偿。

建立集体经营性建设用地入市制度。在符合国土空间规划、用途管制和依法取得的前提下，允许村集体在农民自愿的基础上把有偿收回的闲置宅基地、废弃的集体公益性建设用地转变为集体经营性建设用地入市。

健全财政投入保障机制。以财政资金投入引导社会资本加大投入，提高土地出让收入对农业农村的投入比例。

完善乡村金融服务体系。加强乡村信用体系建设，推动各类涉农中小金融机构提供资金支持，扩大农村抵押物范围，通过市场化方式设立城乡融合发展基金。

建立工商资本入乡促进机制。探索在政府引导下工商资本与村集体的合作共赢模式。

建立科技成果入乡转化机制。赋予科研人员科技成果所有权，建立到乡村兼职和离岗创业制度，激发涉农科研人员的积极性。

364. 怎样建立城乡基本公共服务普惠共享的体制机制?

建立城乡教育资源均衡配置机制，鼓励建立统一选拔的乡村教师补充机制，实行义务教育学校教师“县管校聘”、县域内校长教师交流轮岗，实现优质教育资源在城乡间共享。

健全乡村医疗卫生服务体系，增加基层医务人员岗位的吸引力，改善乡镇卫生院和村卫生室的条件，促进优质医疗资源在城乡间共享。

健全城乡公共文化服务体系，推动服务项目与居民需求有效对接，促进公共文化服务社会化发展。

完善城乡统一的社会保险制度，完善城乡统一的居民基本医疗保险、大病保险、基本养老保险制度，建立完善城乡居民基本养老保险待遇确定和基础养老金正常调整机制。

统筹城乡社会救助体系，推进低保制度的城乡统筹，统一城乡居民的补偿标准。

建立健全乡村治理机制，强化农村基层党组织的领导作用，健全以财政投入为主的稳定的村级组织运转经费保障机制。

365. 怎样建立城乡基础设施一体化发展的体制机制？

建立城乡基础设施一体化规划机制。推动城乡路网的一体化规划设计，统筹规划重要市政公用设施，统筹规划城乡污染物的收运处置体系。

健全城乡基础设施一体化建设机制。对公益性强、经济性差的设施，建设投入要以政府为主；对有一定经济收益的设施，要加大政府投入，引入社会资本，并引导农民投入；对以经营性为主的设施，建设投入要以企业为主。

建立城乡基础设施一体化管护机制。明确乡村基础设施的产权归属，由产权所有者建立管护制度。

366. 怎样建立乡村经济多元化发展的体制机制?

完善农业支持保护制度，加快构建农业补贴政策体系，并发展多种形式的农业适度规模经营。

建立新产业、新业态培育机制，依托“互联网 +”和“双创”，引导乡村新产业改善服务环境，提升品质。

探索生态产品价值实现机制，开展生态产品价值核算，完善自然资源价格形成机制，建立公开透明的交易市场，增强市场活力。

建立乡村文化保护利用机制，建立地方和民族特色文化资源的挖掘利用机制，创新传统工艺的振兴模式。

367. 当前农业市场化存在哪些问题?

农民对市场化的认识不足。由于小农经济的生产方式在广大的农村有深厚的经济基础与思想基础，再加上计划经济模式的熏陶和市场经济发展时没有完善的价格体系和服务体系，使得广大农民无法与新体制相适应。

农产品商品化存在着一系列先天性的弱点。农业产品保鲜、运输、储存难度大，期限短、费用高，市场竞争力弱，加上农业对自然气候条件依赖严重，对市场需求的变化反应滞后。

农业科技体制改革力度不大。当前农业科技尚未实现技术资源的合理配置，且技术创新、技术推广等措施不健全，农业经济总体的科技含量较低。

农民进入市场困难。现有的土地产权制度、户籍制度、就业制度等，在某种程度上限制了土地、劳动力等农业生产要素的流动，农户与农业企业很难自由进入与退出市场，同时农民经营规模小，缺乏强有力的市场营销组织，因此参与市场能力较弱，直接影响了农业市场化进程与效率。

368. 农业市场化的内涵和意义是什么？

农业市场化意味着市场机制对农业生产经营所发挥的作用持续加大，农业经济活动对市场机制的依赖程度不断加大和加深。农业市场化改革对发展现代农业经济具有重要的意义，主要表现在：

一是能提高农业资源的配置效益，促进农业生产结构的调整和优化，提高农产品市场竞争力。

二是降低农民购买农业生产资料的价格，促进农民对农业生产的投入。

三是降低市场的交易成本，提高销售农产品的收益，促进农民扩大生产的积极性，增加农民收入。

369. 怎样通过制度创新实现农业市场化？

形成有利于农业市场化经营的明晰的产权制度。清晰地规定农业生产资料、工商业的农业投资、农业经营实体等的产权关系，建立土地产权的最严格保护制度，制定维护和规范“公司＋农户”等市场化经营组织正常运行和利益实现的法律法规，保证经营组织的正常运行。

充分发挥政府在制度制定与实施以及经济运行过程中的作用，并按农业市场化经营的要求规范和约束政府行为。

形成农业市场化经营意识，大力宣传农业市场化经营的重要意义，形成农业市场化经营的共识。在农业生产经营中树立公平竞争的意识，克服“搭便车”行为，形成等价交换的意识，努力降低工农产品的“剪刀差”。同时，加强诚信建设，提高诚信意识，为农业市场化经营创造良好的信用环境。

370. 怎样通过体制机制创新推进农业绿色发展？

构建支撑农业绿色发展的科技创新体系。开展以农业绿色生产为重点的科技联合攻关，完善农业绿色科技创新成果评价和机制转化，探索建立农业技术环境风险评估体系，加快绿色技术、绿色品种的示范、推广和应用。

完善农业生态补贴制度。有效利用绿色金融激励机制，探索绿色金融服务农业绿色发展的有效方式，加大绿色信贷及专业化担保支持力度，创新绿色生态农业保险产品。

建立绿色农业标准体系。强化农产品质量安全认证机构监管和认证过程管控。改革无公害农产品认证制度，加快农产品质量安全追溯体系建设。

完善绿色农业法律法规体系。研究制定、修订体现农业绿色发展需求的法律法规，健全重大环境事件和污染事故责任追究制度及损害赔偿制度，提高违法成本和惩罚标准。

建立农业资源环境生态监测预警体系，加强监测体系建设，定期监测农业资源环境承载能力，建立重要农业资源台账制度。

健全农业人才培养机制。积极培育新型农业经营主体，鼓励其率先开展绿色生产。

371. 农业供给侧结构性改革的核心内容是什么？

深入推进农业供给侧结构性改革，实现农产品由低水平供需平衡向高水平供需平衡跃升，既能解决当前农业发展的突出问题，更有利于农业健康可持续发展，是今后一个时期农业农村工作的重要任务。

农业供给侧结构性改革，不是简单的少种点什么、多种点什么，而是涵盖范围广、触及层次深的一场全方位变革。总体把握以下三方面：主要目标是增加农民收入、保障有效供给；主攻方向是提高农业供给质量；根本途径是体制改革和机制创新。

推进农业供给侧结构性改革，要在确保国家粮食安全的基础上，紧紧围绕市场需求变化，实现“三优化”，即优化农业产业体系、生产体系、经营体系；“三提高”，即提高土地产出率、资源利用率、劳动生产率；“促转变”，即促进农业农村发展由过度依赖资源消耗、主要满足量的需求，向追求绿色生态可持续、更加注重满足质的需求转变。

推进农业供给侧结构性改革是一个长期过程，必须直面困难和挑战，坚守三条底线：确保粮食生产能力不降低，农民增收势头不逆转，农村稳定不出问题。

深入推进农业供给侧结构性改革，必须把“结构性”作为重点来抓。一是以市场需求为导向，优化产品结构。二是以资源禀赋为基础，优化生产结构。三是以增值增效为目标，优化产业结构。

推进农业供给侧结构性改革，涉及理念更新、体制改革、实践创新等。在思想观念上，树立大农业、大食物观念；在发展方式上，推动粮经饲统筹、农林牧渔结合、种养加一体、一二三产业融合发展；在经营过程中，既要守住粮食安全的底线，也要充分发挥多种形式农业适度规模经营的引领作用，为农业结构性改革提供支撑和动力。

372. 如何落实农村工作领导机制？

县委书记应当把主要精力放在“三农”工作上，当好乡村振兴的“一线总指挥”。选优配强乡镇领导班子、村“两委”成员特别是村党支部书记。加快建设政治过硬、本领过硬、作风过硬的乡村振兴干部队伍，选派优秀干部到乡村振兴一线岗位，把乡村振兴作为培养锻炼干部的广阔舞台，对在艰苦地区、关键岗位工作表现突出的干部优先重用。突出抓紧层、强基础、固基本的工作导向，推动各类资源向基层下沉，为基层干事创业创造更好条件。

373. 如何继续扎实开展“三块地”改革试点工作？

“三块地”指的是农村土地、集体经营性建设用地以及宅基地。“三块地”改革主要是在农村土地征收、集体经营性建设用地入市、宅基地制度等三个方面的改革。

2020年，山西省清徐县、平遥县、泽州县一同被确定为新一轮农村宅基地制度改革试点地区。借鉴试点经验，深化土地制度改革。一是牢牢守住“土地公有制性质不改变、耕地红线不突破、农民利益不受损”三条底线，积极探索落实宅基地集体所有权，保障宅基地农户资格权和农民房屋财产权，切实维护好农民权益，最大程度调动广大群众推动改革的内生动力；二是对已经取得的成熟经验制度化、常态化，完善相关部门单位配套制度，加快城乡统一的用地市场建设；三是加快研究集体经营性建设用地到期后续期的有关政策，出台集体经营性建设用地入市流程细则、入市收益分配标准等；四是进一步细化政策执行，分类探索城区内部、近郊、远郊的集体经营性建设用地入市的不同途径。

374. 山西省打造“三对”“六最”营商环境，具体指什么？

对表中央要求、对标发达地区先进做法、对接国际投资贸易通行规则，打造审批最少、流程最优、体制最顺、机制最活、效率最高、服务最好的营商环境。

375. 如何深化农技、农经、农机“三支队伍”改革？

推进农技、农经、农机三支队伍市场化改革，构建开放竞争、多元互补、协同高效的社会化服务体系。组建市场化投资服务主体，明确发展主业，聚合会计、农经、法律等人才提供专业服务，聚力打造服务现代农业、推动乡村振兴的中坚力量。准确把握现代农业、乡村振兴发展趋势，全面推动农技农经农机部门业务整合、资产整合、人才整合，加快实现资源资产资本的集约化利用、市场化运营、专业化发展。强化政策支持和要素保障，抓好试点、推进改革，引导专业人才积极投身乡村振兴和农村各项事业发展，确保“三支队伍”改革取得实效。

第十二章 促进共同富裕

实施乡村振兴，生活富裕是根本。要坚持人人有责、人人享有，按照抓重点、补短板、强弱项的要求，围绕农民群众最关心、最直接、最现实的利益问题，全面改善农村生产生活条件，提升乡村公共服务水平，拓宽农民增收渠道，增进农民福祉，让亿万农民走上共同富裕道路，把乡村建设成为幸福美丽的新家园。

376. 如何理解共同富裕是社会主义的本质特征?

中国特色社会主义是以生产资料公有制为基础的社会，劳动人民共同占有生产资料进行联合劳动，创造的社会财富归劳动人民共同占有和支配，并按照劳动人民的共同利益来使用和分配。因此，随着社会生产的发展和物质财富的不断增多，其结果必然是劳动人民的共同富裕。

377. 新时代共同富裕理论的主要内容是什么?

新时代共同富裕理论以推动生产力的解放和发展为基础，以坚持共享发展、实现公平正义为核心，坚持物质富裕和精神富裕的统一，坚持以人民为中心，把人民对美好生活的向往作为奋斗目标，是指导我们建设社会主义现代化强国、逐步实现中国梦的重要思想。

解放和发展生产力是实现共同富裕的前提，推动生产力的发展是实现共同富裕的基本条件，坚持共享发展、公平正义是实现共同富裕的核心。

378. 新时代共同富裕理论的重大价值是什么?

新时代共同富裕理论是实现中华民族伟大复兴、破解贫富差距难题必须坚持的重要价值理念，对于丰富和发展马克思主义共同富裕理论，缩小贫富差距，激发人民群众的积极性、主动性、创造性，坚定共产主义理想信念具有重大理论价值和现实意义。

379. 如何理解生活富裕是乡村振兴的主要目的?

生活富裕是乡村振兴的主要目的，也是中国特色社会主义实现全体人民共同富裕的必然要求。2018 年 9 月 21 日，习近平总书记在十九届中共中央政治局第八次集体学习时的讲话中提出“生活富裕”是乡村振兴的主要目的，从“生活宽裕”到“生活富裕”，反映了广大农民群众日益增长的美好生活需要。共同富裕与生活富裕之间是整体与部分、全局与局部、结果与过程的辩证关系，二者是内在统一的。一方面，乡村生活富裕是当前阶段实现共同富裕的基本形式，它与消除贫困、改善民生、不断满足人民日益增长的美好生活相一致，充分体现了我国处于社会主义初级阶段的基本国情和主要矛盾；另一方面，共同富裕是乡村生活富裕的目标导向和价值追求，它与以人民为中心、新发展理念、全面现代化相一致，充分彰显了中国特色社会主义的制度优势和发展优势。

380. 实现生活富裕应从哪些关键节点发力？

牢牢抓住就业增收这个群众最关心、最直接、最现实的利益问题。以确保国家粮食安全为底线，根据地区资源禀赋条件，因地制宜，融合多个产业、多种要素、多方主体、多维支持，发展高效特色农业产业，提供多元务工就业路径，同时挖掘庭院经济、乡村旅游、电子商务等新业态，拓宽实现乡村生活富裕渠道。

聚焦深度贫困地区和特殊贫困群体。以精准脱贫目标、标准为主线，突出问题导向，优化政策供给，改善贫困地区发展条件，解决特殊贫困群体实际困难，激发贫困人口内生动力，夯实贫困人口稳定脱贫基础，确保到 2020 年贫困人口全部脱贫、贫困县全部摘帽，为实现乡村生活富裕打好基础。

补齐公共服务、基础设施和人居环境短板。重点加强农村公路、供水、供气、环保、电网、物流、信息等基础设施建设，推动城乡基础设施互联互通，缩小城乡发展之间的差距。实施人居环境综合整治三年行动，建立乡村道路、垃圾和污水处理、卫生厕所以及绿化管护长效机制。扩大改善和保障民生范围，提高基本公共服务供给质量，完善社会保障和救助体系，使农民养老、医疗、教育、住房有保障，实现农村发展硬环境和软环境同步升级。

促进农村全面发展。优先发展农村义务教育，实施健康乡村战略，推动城乡教育和健康事业一体化发展，全面提高人民文化素质和身体素质，增强农民创造和感受美好生活的能力。创新乡村人才培育引进使用机制，通过向内（新型职业农民）和向外（社会人力资本）吸取能量，强化乡村振兴人才支撑，从而为农村全面发展注入新动力。提升乡风文明和乡村治理水平，优化农村全面发展的社会良性运行环境。

381. 如何理解稳定土地承包关系“长久不变”？

土地承包合同有效期的长久不变。“长久不变”的执行时间以1998年第二轮延包开始时间为准。而合同有效持续期限不定，可根据所附条件是否发生来确定合同的有效期限，期限可能很长，也可能很短，比如一些农户由于部分家庭成员死亡、迁移、就业或者是承包人的自然死亡导致承包主体（农户）资格消失等。

土地承包关系形式的长久不变。目前，我国农村土地经营形式有集体经营、国家经营和家庭经营。但党的十七大明确要求稳定和完善土地承包关系必须坚持农村基本经济制度。因此，党中央提出的“长久不变”，指的是农村土地由家庭经营这种经营形式长久不变，这是由我们农村基本经济制度决定的。

赋予农民更加充分而有保障的土地承包经营权。目前，通过《农村土地承包法》和《物权法》，国家已经赋予了农民对承包土地享有占有、使用、收益和流转的权利以及承包地被依法征收获得补偿的权利。这些权利构成了土地承包经营权的权能结构，是法定权利，是设立在农村集体土地所有权上的用益物权。

382. 农民收入主要有哪些?

农民收入主要有家庭经营性收入、财产性收入、工资性收入、转移性收入四个方面。

家庭经营性收入主要包括农业生产经营收入和非农经营收入。农业生产经营收入是以农业种养业为主的收入来源，如种粮、饲养畜禽等的收入；非农经营收入是农民在家庭农业经营之外进行的诸如工业、服务业等第二、第三产业收入。

财产性收入主要是对外投资和财产租赁等取得的收入，以及集体土地收益。

工资性收入主要是劳动报酬收入，是农民受雇于单位与个人，依靠出卖自己的劳动而获得的收入，主要包括农民在企业和非企业中从业收入、外出务工从业收入。

转移性收入一般指的是农村住户在二次分配中的所有收入，包括政府对个人收入转移的离退休金、救济金、救灾款、赔偿等，单位对个人收入转移的辞退金、保险索赔、住房公积金、家庭间的赠送和赡养等。

383. 如何全面提高农民收入?

一是提升农民家庭经营性收入。培育优势特色农产品品牌，提高农产品的附加值，拓展农业增值增效空间，大力发展生态、高效、品牌农业，将农民增收从依靠数量型增长向质量提升转变，实现全产业链发展。积极发展乡村的休闲旅游、餐饮、民俗、文化体验、健康养生新产业、新业态，将农民增收从依靠资源消耗向生态保护转变，真正把绿水青山转化为“金山银山”。完善农业农村科技创新体系，提升农业农村科技创新供给能力，大力发展农业新技术、新产品、新模式和新业态，鼓励、引导农业园区与科研机构、大学建立紧密的产学研联盟，形成集技术研发、试验示范、成果转化于一体的快速通道，提升园区对周边农业的带动、辐射及示范效应，促进农民就业增收从单纯依靠劳动密集向科技支撑转变，提高农业科技贡献率。

二是提升农民财产性收入。2018年中央一号文件提出，“系统总结农村土地征收、集体经营性建设用地入市、宅基地制度改革试点经验，逐步扩大试点，加快土地管理法修改，完善农村土地利用管理政策体系”。这表明，我国的农村土地管理制度改革已经进入了一个新阶段，更广泛地进入了入市阶段。深化农村改革，重点是深化农村集体产权制度改革，规范引导、盘活利用农村闲置房屋，实现资源变资产、资金变股金、农民变股东。鼓励和引导农民按照法律法规和政策规定，通过承包、租赁、入股、合作等多种形式，创办领办家庭农场林场、农民合作社、农业企业、农业社会化服务组织。

三是提升农民工资性收入。推进农民转移就业，是增加农民收入最根本、最有效、最稳定的办法，不仅可以使他们脱贫致富，也可以缓解农村耕地等资源紧缺压力，为留在农村的农民扩大生产规模、增加收入创造条件。应从积极培育发展壮大产业，加快推进城乡一体化承接产业转移，增加就业岗位，大力开展全方位公共就业服务，加强转移就业培训、就业对接服务，支持和鼓励农民工创业，降低农民工创业门槛，做好金融支持服务等方面入手，促进农村劳动力多渠道转移就业。

四是提升农民转移性收入。进一步加大强农惠农政策力度，用好、用活国家、省、市各级政府部门等涉农专项资金，增加农民的转移性收入。

384. 如何完善乡村就业保障服务？

推进充分就业，完善社会保障体系，事关人民群众的切身利益。实施乡村振兴战略，要结合产业特色，实现更高质量、更加充分的就业，同时进一步提高社会保障体系的覆盖面。

一是做好就业信息服务。公共就业服务体系不健全，容易出现企业用工招聘难、求职者就业难的现象，完善乡村就业信息服务可以有效解决此类问题。以村、乡镇（街道）为单位构建劳动就业社会保障公共服务平台，积极整合资源，以农民就业、劳动关系协调、劳动争议调解和劳动保障监察为重点，同时常态化开展"流动式招聘、送岗位下乡""就业援助月""春风行动""民营企业招聘周"等各类活动，提供全方位的就业信息服务，可以极大地改善乡村就业情况。

二是加强农村劳动力职业技能培训。一要按照"人人持证，技能社会"，实施全民技能提升工程。二要充分发挥公共实训基地的公共性与开放性，为各类社会群体提供广覆盖、多领域、可持续的职业技能培训。三要突出公共实训基地示范、辐射与带动作用，加强与其他类型培训机构的互动协作，实现资源共享。四要实行因人施教、分类培训，对农村没有考入大学的初高中毕业生等新生代农民，重点进行现代技能培训，并建立培训机构和用工单位订单定岗、技能评估制度；对扶贫移民到城镇的山区群众，主要进行适应性技能培训；对广大从事农业生产的农民集中进行各类生产性技术培训，实现人岗对接、学有所用。

三是做好乡村创业保障服务。目前，我国农村创业创新积极推进，建立了一批农民创业创新园区，吸引了越来越多的在城市有作为的农民工、大中专毕业生、退伍军人和科技人员返乡创业创新。通过制定有针对性的政策，吸引各类人才回乡下乡投资创业，在"钱、地、人"三个方面打出"组合拳"。在"钱"的方面，鼓励有条件的地方根据实际需要，按照市场化的方式设立乡村产业发展基金，创新乡村金融服务，引导县域金融机构将吸收的存款主要用于当地，重点支持乡村产业；在"地"的方面，开展县域乡村土地综合整治，盘活建设用地，重点用于乡村新产业、新业态和返乡入乡创新创业；在“人”的方面，引导各类人才到乡村兴办产业，支持科技人员以科技成果入股农业企业，建立健全科研人员校企、院企共建双聘机制，实行股权分红等激励措施。

385. 如何拓宽农民就业渠道？

要解决乡村劳动力就业质量问题，必须全面推进工业化、城市化，大力发展第三产业，在加快发展中不断创造新的就业岗位，提升农村劳动力就业质量。

第一，创造相对宽松的政策环境。在融资、信贷、税收、土地、社会保障等各方面给予政策扶持，拓宽乡镇企业的融资渠道；支持有条件的乡镇企业上市，打破所有制壁垒，给予乡企与国企同等的出口自由；提供有效而及时的信息服务，落实对乡镇企业出口退税和各种抵、退、免（税）政策，确保税负均平；制止“三乱”现象，减轻企业负担，为乡镇企业的休养生息和全面发展创造良好的外部环境。

第二，大力发展劳动密集型产业。强化与农业产业联系，最大限度地发挥农村资源优势，这是乡镇企业未来产业结构变化的重点。一方面要抓住机遇，大力发展具有国际竞争力的农产品加工业，通过对农产品的深加工、精加工，提高产品的附加值，延长农业产业链，拓展国际农产品市场，扩大生产经营规模，扩大就业；另一方面要把与农业紧密相关的第三产业作为发展的重要方向，特别是直接为农业提供社会化服务的第三产业。此外，大力发展劳动密集型产业，有选择地发展某些资本密集型产业，以保持其作为最主要的吸纳农村富余劳动力的就业源功能。

第三，鼓励农民就业创业。不断加大援企稳岗力度，扩大失业保险基金支持企业稳岗政策范围。按规定执行失业、工伤、生育保险降费政策和企业职工养老保险单位缴费比例调整政策，落实困难企业缓缴社会保险费政策和稳岗补贴政策，助推企业发展壮大。充分发挥小微企业就业主渠道作用，加大小微企业发展扶持力度，完善小微企业吸纳就业扶持政策，对于符合条件的科技型小微企业和劳动密集型小企业，吸纳高校毕业生、登记失业人员等群体就业的，实施创业担保贷款扶持。

第四，提升农民保障性收入。进一步完善社会保障体系，不断扩大企业养老、医疗、工伤、生育、失业“五险”覆盖面。制定城乡居民基本养老保险“多缴多得”激励政策，深入开展城乡居民基本养老保险“提标扩面”专项行动，积极引导城乡居民提高档次多缴费。提高城乡居民基础养老金最低标准，提升农民的社会保障水平。深入开展城镇职工医保大病保险，完善医保政策，继续提高城镇职工医保、城镇居民医保政策范围内住院医疗费用报销比例和城乡居民基本医疗保险财政补助标准，逐步缩小城乡社会保障之间的差距。

386. 如何推进健康乡村建设?

健康是人类最大的财富。对广大农村地区而言，应以确保农村居民身体健康为核心，持续提升乡村公共卫生服务均等化水平，切实促进农村民生改善和全面推进健康乡村建设。

优化基层医疗服务模式。党的十九大确定的新的医改任务，把医疗卫生质量安全放在更加突出的位置。全面开展家庭医生签约服务，推动中医药服务进乡村、进家庭，加强基层中医药适宜技术推广应用。建立健全预约诊疗、远程医疗、临床路径管理、检查检验结果互认、医务社工和志愿者5项制度形成长效工作机制。创新多学科诊疗模式、急诊急救服务等，提升急危重症救治能力。适应分级诊疗制度，提供医联体内连续性医疗服务，大力推广日间服务，提高医疗资源利用效率。注重广泛应用信息技术，发挥“互联网－医疗卫生”的支撑作用，实现健康信息“一卡通”，建设智慧医疗。拓展优质护理和药学服务，注重人文关怀，弘扬职业精神，促进医患关系更加和谐。

提升基层医疗服务水平。乡村卫生室作为医疗服务和公共卫生服务的“网底”有着前哨作用和基础堡垒作用，要进一步推进农村卫生室业务用房面积达标，加快医疗设备配备，加强乡村医生队伍建设，实现农村卫生服务提档升级。通过加强对口支援、实施远程医疗、建立医疗集团等，提升基层医疗服务水平，增强基层首诊能力。加强基层医疗卫生机构全科医生转岗培训，加大乡镇卫生院影像、检验、妇科、儿科等短缺人员培养和培训力度。推进三级医院“组团式”支援落后地区医院，完善医务人员下基层激励和保障机制。

387. 提升农村劳动力就业质量具体包括哪些内容?

提升农村劳动力就业质量涵盖了拓宽转移就业渠道、强化乡村就业服务、完善制度保障体系三项内容。

388. 如何用好人才资源，推动乡村产业结构优化升级?

围绕产业发展方向部署人才规划，紧扣当地特色资源，统筹各类人才队伍，拿出优厚待遇吸引高端人才。

坚持引育并重，扩大人才增量和提升人才存量，激活本土人才，引进紧缺人才，充分发挥高层次人才的带动、凝聚、示范和建言献策作用。

构建区域产业特色“创意核”，推动实质性产学研合作。加大项目引进力度，加快建设新型产业技术创新体系，搭建产学研一体化平台，构建一批产业创新最活跃、高端创业资源最丰富、孵化服务功能最完善的众创空间，最大限度地推动创新企业成长、创新要素流动、创新业态发展的便利化。

389. 农村交通基础设施发展趋势是什么？

以“四好农村路”建设为契机，中央财政分年度下达建设资金，持续加大乡村公路改造和管理养护力度，乡村通行条件已明显改善。加快构建农村物流基础设施骨干网络，鼓励商贸、邮政、快递、供销、运输等企业加大在农村地区的设施网络布局。加快完善农村物流基础设施末端网络，鼓励有条件的地区建设面向农村地区的共同配送中心。结合目前乡村产业发展趋势，未来几年农村公路建设应在满足乡村居民日常通行条件的基础上，针对历史文化名村、农家乐示范村、美丽乡村精品村、旅游风情小镇、物流运输等重点发展节点通达等级公路，以公路带动沿线农村经济发展。

390. 如何加快城乡基础设施互联互通？

建立城乡基础设施一体化规划机制，健全城乡基础设施一体化建设机制，建立城乡基础设施一体化管护机制。

391. 城乡基本公共服务非均等化的原因有哪些？

城乡经济发展不平衡，主要包括城乡发展不平衡、区域发展不平衡、收入分配结构不平衡。

制度性不平等，主要表现为城乡基本公共服务资源配置不平等、公共服务政策和规则不平等、城乡居民权利不平等。

公共财政投入机制不健全。

392. 如何实现城乡基础公共服务均等化?

制定城乡一体化发展的基本公共服务规划体系。建立健全城乡基本公共服务均等化的机制。深化财政体制改革，完善公共财政制度。创新多元化的公共服务供给模式。

393. 如何增加农村公共服务供给?

优先发展农村教育事业、推进健康乡村建设、加强农村社会保障体系建设、提升农村养老服务能力、加强农村防灾减灾救灾能力建设五项内容。

394. 提升乡村信息化水平能给乡村发展带来哪些好处?

提升乡村信息化水平，可以满足新发展阶段，乡村居民对信息服务的新要求。

第一，有利于发展数字农业，建立产销衔接的农业服务平台，完善农业信息监测预警和发布服务。推广遥感监测、智能识别、自动控制、机器人等设施设备，可以大大提升农业智能化水平。运用智能终端、遥感等装备和手段，能够构建实时、动态的全产业链数据采集体系和数据库，提升农产品销售水平。

第二，利用完善的信息化服务，可以完善特色农业与生态气象观测站网、发展智慧农业气象服务技术、发展农村休闲旅游气象服务、开展林业病虫害气象服务、强化基层气象灾害预警服务能力、拓展预警信息发布渠道、开展农村气象灾害风险防控。

395. 如何提升基层医疗服务水平?

全面开展家庭医生签约服务，推动中医药服务进乡村、进家庭，加强基层中医药的推广应用。

建立健全预约诊疗、远程医疗、临床路径管理、检查检验结果互认、医务社工和志愿者等5项制度，形成长效工作机制。

完善分级诊疗制度，提供医联体内连续性医疗服务，大力推广日间服务，提高医疗资源利用效率。

广泛应用信息技术，发挥“互联网+医疗卫生”的支撑作用，建设智慧医疗。

加快医疗设备配备，加强乡村医生队伍建设，加强基层医疗卫生机构全科医生转岗培训。

加强农村社会保障体系建设，深化社会保障制度改革，实现城乡之间社会保险、社会救助、社会福利统筹衔接。

396. 如何建设完善乡村养老服务?

重点发展农村互助养老服务，创新多元化照料服务模式，建立以居家为基础、社区为依托、机构为补充的多层次养老保障体系。

大力支持主要面向失能和半失能老年人的老年养护院、医养结合设施、农村幸福院等养老服务设施建设运营。

建立健全农村留守老年人关爱服务体系，推进老年宜居环境建设，开展适老化设施改造。

鼓励企业、集体、个人投入农村康养产业开发项目。

397. 山西省如何高质量推进“人人持证，技能社会”建设?

一是推进建设升级行动。以未就业建档立卡贫困劳动力、城镇登记失业人员、离校未就业高校毕业生、未就业退役军人为重点群体，构建“技能培训+劳务派遣+就业服务”一体化培训就业新模式，建立全方位培训就业数据信息平台，创新技能评价模式，整合就业培训资金和岗位资源，提高劳务输出组织化程度。

二是持续开展普惠性培训。组织就业重点群体，特别是对立卡贫困劳动力、下岗失业人员、残疾人等开展免费职业技能培训和创业培训，做到应培尽培、愿培尽培。

三是精准组织促进就业的职业技能培训。协调各部门及行业协会、单位制定其对应重点群体的职业技能培训实施方案，开展以就业为目的的“订单式”培训。

四是积极探索取证模式，加大持证取证力度。探索适合企业在职职工、技能大赛、职业院校、技工学校、重点就业人员的多种取证方式和激励办法，提高取证比例。

五是坚持以赛促培、以赛促训。发挥职业技能大赛在培训中的示范引领作用，鼓励支持各市、部门及行业协会、单位开展岗位练兵、技能竞赛，通过各级各类职业技能大赛，强化培训效果、提升培训质量。

398. 山西省建立补充养老保险制度的重要意义是什么？

建立城乡居民补充养老保险制度，是贯彻落实习近平总书记视察山西重要讲话重要指示、践行“两个维护”的实际行动；是坚持以人民为中心的发展思想、巩固脱贫攻坚成果、增进民生福祉的一项新政；是实现脱贫攻坚与乡村振兴战略有机衔接、有效保障人民生活水平、防止返贫长效机制的重大制度安排；是完善覆盖全民的多层次社会保障体系的制度创新，从制度上实现对低收入群体的民生保障、惠及千家万户的重大民生工程；更是我省先行先试，在转型发展上蹚出一条新路的具体举措。

399. 山西省建立补充养老保险制度的基本原则是什么?

一是激励多缴多得。鼓励参保的城乡居民多缴费、长缴费。补充养老保险制度政府缴费补贴（入口补）比基本养老保险相应档次提高一倍。

二是筹资权责清晰。明确城乡居民、政府、农村集体经济组织和社区等各方面责任，建立权责清晰的筹资模式。农村集体经济组织经全体成员集体表决同意后，可将光伏、村集体资产收益、非家庭承包耕地承包费、所办经济实体等经营性收益用于补充养老保险的集体补助。

三是保障水平适度。待遇领取水平与经济发展水平相适应，做到与时俱进，在发展中保障和改善民生。

四是普惠和倾斜相结合。已参加我省城乡居民基本养老保险的个人，均可参加补充养老保险，通过补充养老保险增加养老待遇水平。对无子女或子女无赡养能力且未纳入低保、特困人员救助范围的 65 周岁及以上低收入城乡居民予以倾斜。

五是体现子女孝善。重申子女对父母的赡养义务。鼓励子女通过缴费提高父母养老保险待遇水平，无劳动能力或生活困难的老人，有要求其子女缴纳养老保险费的权利。通过德治、法治、自治“三治”融合，激励引导与制度约束相结合，从制度上消除老年人养老和返贫致贫问题。有能力履行赡养义务的赡养人不履行赡养义务，被赡养人又不主张权利的，由相关部门提起公益诉讼，通过司法程序督促赡养人履行赡养义务。

400. 山西省县级医疗集团改革模式是什么?

整合辖区内政府举办的县级医院、乡镇卫生院（含撤并乡镇后保留的相关基层医疗卫生机构）和社区卫生服务中心，组建县级医疗集团。县级医疗集团及所属医疗卫生机构的行政、人员、资金、绩效、业务、药械等实行“六统一”管理。所属医疗卫生机构法人资格、单位性质、人员编制、政府投入、职责任务、优惠政策、原有名称不变，医疗集团院长为法定代表人。城市三级医院应当采取组建医联体、人才共享、技术支持、专科联盟、远程医疗、组织培训等方式，帮助县级医疗集团提升医疗服务能力。通过乡镇卫生院对村卫生室一体化管理，形成县乡一体、以乡带村、分工协作、三级联动的县域医疗服务体系。

参考文献

[1] 党的十九届五中全会《建议》学习辅导百问编写组．党的十九届五中全会《建议》学习辅导百问[M]. 北京：党建读物出版社，2020.

[2] 魏旺拴．实施乡村振兴战略路径研究[M]. 北京：中国经济出版社，2020.

[3] 郭元凯，谌玉梅．组织振兴：构建新时代乡村治理体系[M]. 郑州：中原农民出版社，2019.

[4] 董彦岭．产业振兴：绿色安全、优质高效的乡村产业体系建设[M]. 郑州：中原农民出版社，2019.

[5] 辛宝英，安娜，庞嘉萍．人才振兴：构建满足乡村振兴需要的人才体系[M]. 郑州：中原农民出版社，2019.

[6] 魏旺拴．国民经济和社会发展研究[M]. 北京：中国经济出版社，2019.

[7] 刘儒．乡村善治之路：创新乡村治理体系[M]. 郑州：中原农民出版社，2019.

[8] 袁倩．乡村绿色发展之路：坚持人与自然和谐共生[M]. 郑州：中原农民出版社，2019.

[9] 刘江宁．质量兴农之路：深化农业供给侧结构性改革[M]. 郑州：中原农民出版社，2019.

[10]魏旺拴．政府投资公共建筑项目咨询评估[M].北京：中国建筑工业，2019.

[11]崔华泰．中国特色减贫之路：打好精准脱贫攻坚战[M].郑州：中原农民出版社，2019.

[12]崔友平．共同富裕之路:巩固和完善农村基本经营制度[M].郑州:中原农民出版社，2019.

[13]顾保国，林岩．文化振兴：夯实乡村振兴的精神基础[M].郑州：中原农民出版社，2019.

[14]魏后凯．中国农村发展报告[M].北京：中国社会科学出版社，2020

[15]梁晨．乡村工业化与村庄共同体的变迁[M].北京：社会科学文献出版社，2019.

[16]包美霞．乡村文化兴盛之路：传承发展提升农耕文明[M].郑州：中原农民出版社，2019.

[17]刘彦随．中国乡村振兴规划的基础理论与方法论[J].地理学报.2020(06).

[18]张兴宇，季中扬．新乡贤：基层协商民主的实践主体与身份界定[J].江苏社会科学，2020(02).

[19]周虹琳．脱贫攻坚与乡村振兴关于生态环境保护的有机衔接探析[J].农村经济与科技，2020(18).

[20]渠涛，邵波．生态振兴：建设新时代的美丽乡村[M].郑州：中原农民出版社，2019.